大道有形

周星潼 编著

最受推崇的41个管理理念

哈尔滨出版社
HARBIN PUBLISHING HOUSE

图书在版编目（CIP）数据

大道有形：最受推崇的41个管理理念 / 周星潼编著
.—哈尔滨：哈尔滨出版社，2018.4
　　ISBN 978-7-5484-3795-6

　　Ⅰ.①大… Ⅱ.①周… Ⅲ.①企业管理－研究 Ⅳ.
①F272

中国版本图书馆CIP数据核字（2018）第001691号

书　　名：大道有形——最受推崇的41个管理理念
作　　者：周星潼　编著
责任编辑：翟嫦娥　杨　磊
责任审校：李　战
封面设计：Amber Design 琥珀视觉
出版发行：哈尔滨出版社（Harbin Publishing House）
社　　址：哈尔滨市松北区世坤路738号9号楼　　邮编：150028
经　　销：全国新华书店
印　　刷：哈尔滨市石桥印务有限公司
网　　址：www.hrbcbs.com　　　www.mifengniao.com
E－mail：hrbcbs@yeah.net
编辑版权热线：（0451）87900271　87900272
销售热线：（0451）87900202　87900203
邮购热线：4006900345　　（0451）87900345　87900256
开　　本：787mm×1092mm　　1/16　　印张：18　　字数：189千字
版　　次：2018年4月第1版
印　　次：2018年4月第1次印刷
书　　号：ISBN 978-7-5484-3795-6
定　　价：48.00元
凡购本社图书发现印装错误，请与本社印制部联系调换。
服务热线：（0451）87900278

序 言

　　管理是什么？管理是一门古老的艺术，同时又是一门新兴的科学。管理其实更是一个系统工程，管理涉及企业中的每个岗位、每件事、每个动作。总而言之，将认为不重要的事管起来，将简单的制度长期执行下去并用心去做就是好的管理，企业的竞争是资本竞争、产品竞争、技术竞争、人才竞争、管理竞争。任何一个企业都离不开管理，管理决定成败。

　　随着中国市场经济的深入发展，企业管理理论在国内得到了迅速的传播，有关企业管理方面的各种书籍也如雨后春笋般相继问世了，管理理念深入人心，管理理论、管理技巧、管理案例日益受到企业界的青睐和重视。

　　作为一名企业的领导者，要想在现在的市场竞争中取胜，不仅要从自己的经验和教训中学习，还要善于借鉴和吸收国内外众多企业的成功管理经验，以"他山之石"，来攻"自身之玉"。

　　本书虽然没有理论上的完整体系和宏篇大论，但企业管理学的众多原理和智慧都从每一个事例、故事、法则中渗透出来。本书所提供的管理智慧，虽然不一定适合每一个中国企业，但最起码能够从不同的角度、不同层面对中国企业有一定的启示。

　　企业应当如何应对变革和危机？在制定企业发展战略时应该注意哪些问题？应当如何最大限度地使自己的员工发挥才能？如何才能吸引、留住和培养出优秀的人才？怎样才能成为一名出色的管理者？如何在日常管理中实现观念创新……

　　作为一名企业的管理者，是不是经常被以上的问题所困扰呢？那么，从现在开始，让我们来嚼烂这些管理理念吧……

目 录

理念四十一　　每个企业都不应回避社会责任

理念一

目标，是成功的第一步

理念一
目标，是成功的第一步

目标的力量

哈佛大学的某个研究机构曾经针对一群在智力、学历、家庭背景等条件都差不多毕业生，作过一项关于"目标对人生影响"的跟踪调查。第一次的调查是在他们即将毕业的时候进行的，调查结果发现：他们中有27%的人没有目标，60%的人目标模糊，10%的人有清晰但比较短期的目标；仅有3%的人有清晰且长期的目标。

在经过长达25年的跟踪调查之后，研究者得到这样一个发人深省的结果。那些占3%的人，25年来几乎不曾更改过自己的人生目标。这些年中，他们始终朝着同一方向不懈地努力，现在他们几乎都成了社会各界中顶尖的成功人士。那些占10%的有清晰的短期目标者，大都生活在社会的中上层。他们的共同点是：自己制定的短期目标不断被达成，生活状态稳步上升，成为各行各业中不可或缺的专业人士。

而其中占60%的目标模糊者，几乎都生活在社会的中下层，他们能安稳地生活和工作，但都没有什么特别的成就。剩下的27%是那些25年来都没有目标的人，他们几乎生活在社会的最底层，过着窘迫的生活，常常失业，靠社会救济，并且常常抱怨他人、抱怨社会、抱怨这个"不肯给他们机会"的世界。

正如西方那句著名的谚语说的那样：如果你不知道你要去哪里，那你通常哪里也去不了。其实，上面事例中的那些人本来没有什么差别，如果非要在他们之间找到一些差异的话，那就在于：25 年前，他们中的一些人知道自己到底要什么，而另一些人则不清楚或不是很清楚。可能在当时这只是最微不足道的差别，但经过时间的改变之后，却变成横亘在他们之间的一条无法跨越的鸿沟。

决心攀登高峰的人，总能找到道路。目标，就像一道界限明晰的分水岭，可以轻而易举地把资质相似的人分成少数的精英和多数的平庸之辈。前者主宰自己的命运，后者随波逐流，枉度一生。

在我们的生命里，因为有了异彩纷呈的希望、目标，才有了异彩纷呈的生活。它们是生活中的灯塔，如果失去了它们，我们就会失去前进的方向和希望。

无论是一个人还是一个企业，都要制定一个切合实际的奋斗目标和长远的发展规划，没有目标的人将不会成功，没有目标的企业也将难以发展壮大。

长远目标能为企业提供发展空间

《孟子·尽心上》中说："孔子登东山而小鲁，登泰山而小天下。"荀子在《劝学篇》中说："故不登高山，不知天之高也；不临深溪，不知地之厚也。"唐代诗圣杜甫也在他的《望岳》一诗中写道："会当凌绝顶，一览众山小。"身居高位，放眼天下，自然能够看到更远更广阔的空间。但这并非单指地理上的地势之高，更是指一种精神境界上的高度；一种眼观六路、耳听八方的大局观；一种洞若观火、见微知著的洞察力。

可口可乐创业初期，并没有太大的知名度。但是因为独特的口感，可口可乐很快就受到了众多美国人的欢迎。1941 年 12 月日本偷袭珍珠港之后，美国对德日等法西斯国家宣战，美军开始奔赴各大战场为捍卫国家利益和人类的正义而战。当时，很多将要出征的将士都为不能在异国他乡喝到可口可乐而深感遗憾，但就在那个时候，可口可乐前总裁罗伯·伍德鲁夫大胆宣布："我们将让每位军人都能喝到可口可乐，不论他人在哪里。"第二次世界大战结束后，伍德鲁夫又表示，他要让世界上的每一个人都喝到可口可乐。

当年，可口可乐的目标是让世界上的每一个人都喝到可口可乐，现在，印着"Coca－Cola"白色字样，带有与众不同纹路的瓶子出现在世界各地的人们手中。

如果说目标是企业发展壮大的重要因素的话，那么一个远大的目标对于一个企业的发展则更加重要。

当我们在欣赏一幅油画的时候，如果站的距离很近，你会发现你根本看不清楚画面的内容，眼中所见的都是各种颜色的复杂搭配；当你退开一些，你就会发现原来黑色是为了衬托白色，而绿色是为了搭配红色；退得再远一些，你才知道这幅画的内容。经营企业也是同样的道理，领导者如果像显微镜一样，总把身边的甚至鼻子底下的常规决策或日常管理看得过重，将目光局限在目前的工作当中，他注定不会有大作为。在企业的发展过程中，只有确立一个明晰的、长远的战略目标才能把握住企业的发展方向，不至于游离或者背离企业的发展战略。

企业领导者在为自己的企业制定发展目标的时候，首先自身就应该处于一个较高的战略位置。领导者只有本身目标明确，才能制定出好的企业战略，才可能一步步地按照领导者的立意去做。而目标不明确的话，只能蒙着做，做到什么样子是什么样子。这样的情况下，做公司等于"撞大运"。目标的明确与否决定着一个企业的命运。领导者如果目标不明确，没有堂堂正气的话，是解决不了问题的。因此，领导者必须心胸坦荡，站得高，看得远，才能保证企业的基业常青。

一个企业在它的发展进程中，肯定会遇到各种各样的难题，只有目标明确，才能牢牢记住自己所追求的目标不松懈，才能激励自己不断前进。如果目标不明确，就不能不停地提出新的、更高的目标，那么，稍有成功就会轻易满足。而且目标明确了，自然会明白最终目的是什么，不会急功近利，不会在乎个人的眼前得失。

企业只有目标明确，才能制定出正确的战略和目标，远大的发展战略才能保证企业的发展方向和发展速度。

要善于分解长远目标

1984 年，在东京国际马拉松邀请赛中，名不见经传的日本选手山田本一出人意料地夺得了世界冠军。当记者问他凭什么取得如此惊人的成绩时，他说了这么一句话：凭智慧战胜对手。

当时许多人都认为这个偶然跑到前面的矮个子选手是在故弄玄虚。马拉松赛是考验体力和耐力的运动，只要身体素质好又有耐力就有望夺冠，爆发力和速度都还在其次，说用智慧取胜确实有点勉强。

两年后，意大利国际马拉松邀请赛在意大利北部城市米兰举行，山田本一代表日本参加比赛。这一次，他又获得了世界冠军。记者又请他谈经验。

山田本一性情木讷，不善言谈，回答的仍是上次那句话：用智慧战胜对手。这回记者在报纸上没再挖苦他，但对他所谓的智慧却更加迷惑不解。

10 年后，这个谜终于被解开了，他在他的自传中是这么说的："每次比赛之前，我都要乘车把比赛的线路仔细地看一遍，并把沿途比较醒目的标志画下来，比如第一个标志是银行，第二个标志是一棵大树，第三个标志是一座红房子……这样一直画到赛程的终点。比赛开始后，我就以百米的速度奋力地向第一个目标冲去，等到达第一个目标后，我又以同样的速度向第二个目标冲去。40 多千米的赛程，就被我分解成这么几个小目标轻松地跑完了。起初，我并不懂这样的道理，我把目标定在 40 多千米外终点线上的那面旗帜上，结果我跑到十几千米时就疲惫不堪了，我被前面那段遥远的路程给吓倒了。"

心理学研究证明：当人们的行动有了明确目标，并能把自己的行动与目标不断地加以对照，进而清楚地知道自己的行进速度和与目标之间的距离时，人们行动的动机就会得到维持和加强，就会自觉地克服一切困难，努力达到目标。

谁都知道，长远的目标并不能一下子实现，它需要依靠众多的中短期目标，中短期目标是实际目标的行动指南，它需要我们踏踏实实地地去做。确实，要达到一个长远的目标，就要像上楼梯一样，一步一个台阶，把大目标分解为多个易于达到的小目标，脚踏实地地向前迈进。每前进一步，达到一个小目标，就会体验到"成功的喜悦"，这种"感觉"将推动你充分调动自己的潜能去达到下一个目标。许多企业之所以短命，往往是因为目标太笼统，急于求成、求大，对每一个中短期目标没有尽心尽力去规划完成。

20世纪90年代后期，"爱多VCD"红遍大江南北，一度成为中国家电行业最成功的品牌之一，爱多公司也成为了当时民营企业的光辉典范。爱多的发展曾创造了中国家电行业发展史上的一个奇迹，这个奇迹既包括成功的一面，也包括失败的一面。爱多从无到有、从小到大、从辉煌走向破灭，仅仅用了四年左右的时间。爱多的失败虽然原因众多，但最主要的却是因为没有一个长远且具体的发展目标。

事实上，单纯地说爱多没有目标也是不准确的，因为当时爱多的目标就是把爱多做大。于是，任何能让爱多做大的计划，爱多都跃跃欲试。可是，作为一家销售额超过10亿元人民币、员工多达3000余人的大企业，虽然矢志不渝地想要做大，但却没有一个阶段明确、切实可行的发展目标。这就导致了爱多在迅速发展的过程中，没有一个具体的发展战略去指引。于是，失败也就成为一种必然。

一个企业的发展目标要根据企业自身的情况量身打造，这个目标就像一件华美的衣服，裁剪得太大穿在身上就会显得松松垮垮，不仅没有美感，还会给自己减分；太小了又会对人的身体造成束缚，不仅穿着难受，还会影响身体的发育。企业也一样，太高太大的目标会让企业在发展过程中力不从心，而太小太近的目标又会造成因为容易达到而懈怠，导致企业发展速度变慢，甚至停滞不前。但这并不是说远大的目标不好，也不是说小的目标不可取，因为无论是多么长远的目标都是由一个个阶段性的小目标构成的，只有那些综合企业各方面的因素，从企业的实际出发，而且能够被细分为一个个不同时期、不同阶段的长远目标才是最适合的。

理念二

变革：更要"与势俱进"

理念二
变革：更要"与势俱进"

时移而治不易者乱

现代的企业竞争始终处在一个不断变化的市场环境之中，这就要求企业的领导人无论是在制定企业的发展战略，还是从事具体的管理工作，都要坚持因人、因事、因地、因时制宜的原则。

比如，从创业到守业，领导者要面对的是不同的局面，所以无论是策略上还是管理上都要主动地与时俱进地进行变革。小到个人的能力发展，大到国家的治理都是如此。时代的改变要求我们与时俱进，如果你还坚持原来的做法，固守陈旧的理念，那么你就会陷入混乱的局面当中，最终走向失败。

《孙子兵法·虚实篇》中说："水因地而制流，兵因敌而制胜。故兵无常势，水无常形，能因敌变化而取胜者，谓之神。"在这里，孙子明确地强调用兵没有固定不变的模式，高明的将帅应依据敌情的变化机动灵活、随机应变，这样才称得上用兵如神。同理，企业领导在管理中也必须根据市场环境和技术进步的趋势来制定策略，这就要求领导者们不仅要与时俱进，还应该"与势俱进"。

1991年日本的经济泡沫彻底破灭前，很多日本企业由于没有预测到这轮经济低潮，所有的发展都按照高速发展的期望来规划，不断地扩大生产、增加员工。最终导致了上个世纪末众多日本企业遭受灭顶之灾。当时，作为日本的大型电子企业，东芝虽然并未走到破产的境地，但当时的情况也不容乐观。

2001 年，根据东芝公布的财报显示，当年净亏损 21 亿美元，而之前的一个财年，东芝净赚 8.01 亿美元，总收入达到了 500 亿美元。当时东芝的总裁冈村正刚刚上任，所面对的是拥有十九万员工的大企业，以及急剧下滑的销售额。

冈村正上任之后，开始着手对东芝的进行改革，在收集了国际、国内，以及政治、经济、科学技术等众多方面的大量信息资料之后，经过分析研究制定出了东芝的改革方案以及未来的发展方向。

冈村正预测到日本以及亚洲经济将会在一段时间中仍然保持低迷的状态，并看到东芝的很多产业已经不适应市场的需求和时代的变化了，于是，他开始了被后人称之为"先行一步"的改革策略。

冈村正进行改革时做的第一件事就是命令员工拆除了摆在东芝总部大厅里的卫星和快速增殖反应堆模型，它从 1984 年以后就摆在那里，代表着东芝过去的辉煌和成绩，但同时也正是当时拖东芝后退的主要部分；取而代之的是东芝的电子商务站和数字电视，那代表着东芝未来的发展方向。在随后的五年时间中，他持续不断地给东芝做"调整手术"，剥离非赢利业务、裁减人员、成立 10 个完全自负盈亏的独立子公司等，从而形成一个"小型但强大的总部"。

2006 年，冈村正离任的时候，东芝已经保持了连续三年的赢利佳绩，而在当时，众多的日本企业刚刚从死亡线上挣扎出来。继任的东芝总裁西田厚聪在谈到他前任的时候，敬佩有加地表示，东芝能保持现在的发展态势，与冈村正顺应时代，充满预见性的改革方略是密不可分的。

企业在发展壮大之后，会产生新的发展目标，需要全新的管理理念，如果领导者不主动求变，就会陷入"时移而治不易者乱"的局面。长久以来，日本的企业界一直都在实行"雇佣终身制"的人力资源管理制度。但是，随着时代的发展，这种制度越来越多地显示出其所具有的的弊端。

1993 年，富士通开始实行"终身制转向工作成果制"的管理制度。其主要内容包括：引进目标管理、设定评价制度与收入相联系。这项变革一经推出立刻在社会中引起轩然大波，面对着来自各方面的压力，富士通没有妥协，并在1999年再次开始倡导"能力主义"，即废除企业内部白领与蓝领阶层的区别，建立起一套能够充分发挥每个员工能力和热情的工作体制。这些与时俱进的变革为富士通带来了活力，企业竞争力也得到了显著的提高。2000年，富士通公司在全球五百强企业中排名第45位，成为全球第三大IT公司。

"与势俱进"，才能占尽先机

马克思主义哲学告诉我们，世界上的万事万物都是处在变化之中的，所有的静止都是相对的，只有变化是恒久的。所以，无论是个人还是企业都要不断地顺应着变化才能更好地适应这个社会，才能适应这个时代，但是这并不代表着只需要跟上变化，优秀的管理者应该有敏锐的眼光，这样才能够准确地预测到未来行业的发展趋势，提前介入，占尽先机，才能始终引领行业的发展潮流。

微型客车的销售曾经在上个世纪的90年代初持续高增长，但是在90年代中期以来，各大城市纷纷出台政策限制微型客车的发展，同时，由于各大城市在安全和环保方面的要求不断提高，成本的抬升使微型客车的价格优势越来越小。

面对这样的情况，很多微型客车生产厂家不是破产，就是把主要的精力转向轿车生产领域。这个时候，奇瑞汽车公司经过认真的市场调查，并根据各种信息资料的分析研究，决定全力研发微型轿车。实际上，在奇瑞公司决定研制微型轿车的时候，就已经从各个方面对未来微型轿车市场进行了科学的预测。

例如，奇瑞公司预测到未来国家将更加重视对于环境的保护，并且油价的持续飙升，对于能源需求庞大、石油储备有限的中国来说，微型轿车首先在耗油方面较低，尾气排放量自然也就符合环保标准。其次，随着我国经济的发展，人们生活水平的不断提高，对于出行的要求也必然升高，而微型轿车必然因较低的价格而成为那些刚刚具备购车条件的家庭的首选。第三，奇瑞的微型轿车在安全方面做足了功课，推翻了社会中关于微型轿车以牺牲安全性为代价来降低成本的观念。另外，随着城市化的加快，城市中的车辆也必然更多，微型轿车将更加实用，当道路狭窄或堵车的时候，微型轿车躲闪灵活，相对来说跑得更快，在抄近道小路上也有优势；当停车位紧张时，微型轿车更是因其娇小的身躯更容易找到一个栖身之地。

2003 年，奇瑞公司的微型轿车奇瑞 QQ 一上市就受到了消费者的青睐，销售量很大。并由此成为奇瑞车系里的经典车型。

与时俱进要求我们要适应外界环境，顺应时代的变化，但是仅仅与时俱进还不行，还要"与势俱进"。因为与时俱进是跟在时间后面跑，"与势俱进"才是紧跟形势不断地变化与创新，在新的形势下采取新的策略和管理方法。对于形势发展要看清，要把握住事情发展的趋势，对规律提前掌握，提前转化为生产力，既具有前瞻性，又具有稳妥性。所以我们与时俱进的同时，更应该"与势俱进"。

"远见"是决定企业成败的关键因素之一

企业领导者的预见性对于企业的发展来说具有至关重要的作用。未来不等于现实，但是又离不开现实。预见性是对事物未来的认知和把握。因此，要正确预见未来，就必须对今天的现实有深刻的认识和了解。这就需要深入实际，调查研究，了解今天各种事物存在的条件、其与各方面的联系，及发展变化趋势等，从中认识事物的本质，找出客观规律性，为预见事物的未来提供可靠的依据。对现实认识的程度，直接决定着预见未来的准确性。优秀的企业领导者之所以能够把工作做在前面，把问题消除在萌芽阶段，就是因为坚持深入工作实际，对当前的情况有深刻的认识和了解，在把握事物发展规律的基础上增强了工作预见性。

《梦溪笔谈》中有这样一个故事：宋朝仁宗年间，孙冕在海州做知府。海州在大海边，老百姓多以晒盐为生。当时，盐是紧缺商品，生产盐的利润很高。海州因盐业而百姓富足、社会祥和。有一年，朝廷的发运司准备在海州再设置三个大盐场，孙冕坚决反对，他认为海州已有几个盐场，尽管比较小，但产量足以供给附近的州县。海州地处偏隅，交通不便，如果盐的产量过大，销售就会成为一个问题，产盐的利润就将大幅度下降。弄不好还可能亏损，这就断了老百姓的生计，社会也会因此不安定。

后来发运使亲自来海州谈盐场设置之事，还是被孙冕拒绝了。

许多百姓认为多建盐场就能多晒盐，多晒盐就能多赚钱，是孙冕挡住了他们发财的道路。他们纷纷到府衙求见孙冕，向他诉说设置盐场的好处。请求他允许设置新的盐场。

孙冕解释道："你们不懂得作长远打算。多晒盐虽然能获得眼前的利益，但如果盐太多卖不出去，你们就会自食其果了。"然而，没有人相信和重视孙冕的警告。一些人甚至联名上书就此事罢免了孙冕。

不久，孙冕被罢官，海州很快就建起了三个大盐场。已经赋闲在家的孙冕听说后长叹一声："海州的祸患来了。"

几年后，由于运输、销售不通畅，海州囤积的盐日益增加，盐价一跌再跌，盐场相继出现了亏损，许多人都破产了，越来越多的老百姓失去了生活来源，从而导致刑事案件日益增多，流寇盗贼蜂起。

这时，百姓才开始明白，在这里建太多的盐场确实是个祸患，孙冕当年的预见太正确了。

预见能力是企业领导者应该具备的重要素质，同时也是领导者综合能力的反映。作为企业的领导者应该知道，开阔视野、掌握知识是提高预见能力的基本条件。随着市场经济和现代科学技术的发展，新技术、新学科不断涌现，对社会各方面的发展有着重大的影响。在这种情况下，要想准确地预见未来，就必须时刻注意学习新知识，接受新事物，不断开阔视野。

总结经验、吸取教训也是提高预见能力的有效方式。善于总结的领导者是明智的领导者。工作中所得到的感性认识有真有伪，必须经常对已获得的感性认识进行筛选，进行去粗取精、去伪存真的辨析，从一般事物中概括出带有普遍规律性的东西，才能作为提高预见性的参考。不善于总结，找不到事物的客观规律，就会停留在原有水平上，不能适应不断变化发展的形势，也就谈不上提高自己的预见能力了。

理念三

缺失危机意识比危机更可怕

理念三
缺失危机意识比危机更可怕

谨防猫窝中的老虎

我们每个人在成长的过程中都难免会遇到各种各样的困难、挫折和失败，企业也同样如此。据美国危机管理专家的调查显示：80％的企业管理者认为，企业发生危机如同死亡、税收一样不可避免；危机对于企业而言，并非偶然的不幸遭遇，而是普遍存在的现象。也就是说，尽管没有人喜欢危机，但危机无处不在。

西方有这样一则寓言故事。故事中说，从前有一户人家，收留了一窝小猫崽，但是却不知道这窝小猫里面有一只小老虎。老虎小的时候，与猫非常相像，和小猫在一起，很难区分。主人自然不能分辨，于是就一直养着它们。随着时间的推移，小老虎逐渐发生了一些变化，但主人因为习以为常，没有注意到，还以为自己养了一只"大猫"而沾沾自喜。但虎终归是有野性的，长到一定程度肯定会伤人。终于，老虎长大了，露出了它的野性，不仅吃掉了其他小猫，还对主人发起了攻击，这时主人才意识到自己每日悉心照料的"大猫"原来是只老虎，然而因为平日照料有加，老虎膘肥体壮，自己再也没有办法阻止它了，最终只有被老虎吃掉。

糊涂的主人因为没有看出隐藏在猫窝中的老虎而最终葬身虎口，对于企业管理者而言，那只酷似小猫的老虎就是隐藏在企业中的危机，如果管理者能够在

"老虎"小的时候就认出它，然后及早清除，那么也就不会出现最后"葬身虎口"的悲剧了。管理者要想不被危机吃掉，就应该及早预防危机，发现危机。

很多看上去很红火、很景气、很热闹的企业，常常在突然间倒下就再也起不来了。究其原因，大多是缺乏危机意识所致，或者是危机管理出了问题。山东的名酒品牌秦池，广东的著名电器品牌爱多，保健品行业的"神话"三株口服液，都曾经是那么光彩夺目，但却只是暂时的风光，很快便在激烈的市场竞争中销声匿迹了。原因就在于他们都缺乏一种居安思危的忧患意识，只会在顺境中风风光光，却看不到隐藏的危机。于是，当危机来临的时候，灭亡也就不可避免。

青蛙效应带给我们的启示

微软的创始人比尔·盖茨曾经提出过著名的"微软破产理论"，无论是对微软的员工还是在全体股东的大会上，他总是在强调"我们的公司离破产只有18个月"。作为企业的管理者，应该像比尔·盖茨一样，始终都要警惕危机的到来，只有这样，当危机真的到来时，你才有足够的力量去应对，而不至于坐以待毙。任何企业的衰落，都具有一定的迹象和预示，只是管理者麻痹大意，缺乏危机意识而没有给予足够的重视。

美国康奈尔大学的一名研究人员曾经做过这样一个实验，他把一只青蛙突然丢进一只装满沸水的锅里面，结果那只青蛙在掉进沸水的刹那迅速跃起，跳到锅外，安然逃生。后来，实验者又把原来的那只青蛙放在一个装满冷水的锅中，然后在锅底生火慢慢加热，青蛙并没有意识到危机的存在，而是在还不热的水中惬意地游动。虽然水温在不断地升高，可能它已经察觉到水温的变化，但却在享受着水的温暖，等到它意识到自己已经处于绝境的时候，已经失去了逃生的力量，只能被煮死在锅中。

这就是闻名世界的青蛙效应。就像那只青蛙一样，在突如其来的危险面前，我们都有着灵敏的反应能力，并能及时地采取措施，尽可能地发挥我们的潜力，最后死里逃生。但是你应该知道大多数的危机都是从细微之处开始，缓慢渐进地发生，直到蔓延开来的。这就同人患病是一个道理。

《汉书·艺文志》中记载了一则关于古代神医扁鹊的故事。说扁鹊有兄弟三人，大哥医术最高，当疾病尚表现在皮肤气色上时，他就可以观察出，并简单地给病人服几剂药就好了，但大家以为他只能治小病，故名声不出乡里；二哥医术差一级，要等疾病已进入到病人的筋骨，才能识别出并治好，但名声反而到了州郡；三弟扁鹊，医术最低，非要等到疾病已进入腑脏，病人已行将就木了，才大动干戈地将其救活，结果反被尊为神医而举世闻名。所以，真正高明的危机管理并不是危机发生后再启动应急措施，而是善于发现问题，并且把危机扼杀在萌芽阶段的问题管理。从国内外企业应对危机的成功经验和失败教训中可以得出结论，对危机意识进行培养是企业抵御危机侵害的有力武器。

未雨绸缪，居安思危，这是每一个企业管理者都应该具有的危机意识。不要满足于昨日的辉煌，今天的成功并不能代表明天依然成功。要想使企业长远地发展，时刻都要作好面临危机的心理准备，只有这样，才能在危机来临的时候，做到临危不惧，镇定自若地应对。而那些缺乏危机意识的管理者，就像那只铁锅中的青蛙，当水开始沸腾的时候才想要跳出去，却不知道自己已经在温水中被泡软了身体，早已失去了逃生的力量，只能在锅中被煮得肉烂骨焦。

危机管理，重在化"危"为"机"

在如今的市场中，随着经济的全球化、国际环境的复杂化、金融危机的爆发、国内宏观调控增强、银行信贷政策变动，不可避免地会存在着通货膨胀和通货紧缩交替、人民币升值或贬值、原材料成本及人工成本的上升等各种各样的企业难以预料的风险，同时在以互联网为主导的信息化时代，各种各样的危机事件也随之而来：政策错位、战略迷失、资本运作难题、管理困惑、人才流失、财务困境、产品质量问题曝光、营销障碍、文化瓶颈、品牌危机、公众和消费者投诉、媒体负面报道、自然和社会因素影响、国际化风险……可以说高速发展的中国经济给予了企业迅速崛起的机会，同时复杂多变的市场运作环境也使得许多企业遭遇了一场又一场的危机风波。

但是，为什么有些企业会发生危机，而有些企业没有发生？在同样的危机面前，为什么有的企业可以从容自如，在最短时间内从危机中走出来，甚至有些企业可以化"危"为"机"；而有的企业却用沉默来回避危机，甚至有的企业面对危机手足无措，结果损失惨重？危机结束后，为什么有些企业始终走不出危机的阴影；而有些企业却能够以此为契机进行调整和改革，然后快速发展？毫无疑问，面对危机的心态、处理危机事件的能力、危机事件的应对策略、危机事件的管理方案，决定了企业遭遇危机事件之后的不同结果。

南宋绍兴十年七月的一天，杭州城最繁华的街市失火，火势迅猛蔓延，数以万计的房屋商铺置于汪洋火海之中，顷刻之间化为废墟。

有一位裴姓富商，苦心经营了大半生的几间当铺和珠宝店，也恰在那个街市中。火势越来越猛，他大半辈子的心血眼看将毁于一旦，但是他并没有让伙计和奴仆冲进火海，舍命抢救珠宝财物，而是指挥他们迅速撤离，一副听天由命的神态，令众人大惑不解。

然后他不动声色地派人从长江沿岸平价购回大量木材、毛竹、砖瓦、石灰等建筑用材。当这些材料像小山一样堆起来的时候，他又归于沉寂，整天品茶饮酒，逍遥自在，好像失火压根儿与他没有关系。

大火烧了数十日之后被扑灭了，但是曾经车水马龙的杭州，大半个城已是墙倒房塌一片狼藉。不几日朝廷颁旨：重建杭州城，凡经营销售建筑用材者一律免税。于是杭州城内一时大兴土木，建筑用材供不应求，价格陡涨。裴姓商人趁机抛售建材，获利巨大，其数额远远大于被火灾焚毁的财产数额。

无独有偶，美国有位经营肉类食品的老板，在报纸上看到这么一则毫不起眼的消息：墨西哥发生了类似瘟疫的流行病。他立即想到墨西哥瘟疫一旦流行起来，一定会传到美国来，而与墨西哥相邻的美国的两个州是美国肉类食品的主要供应基地。如果发生瘟疫，肉类食品的供应必然紧张，肉价定会飞涨。于是他先派人去墨西哥探得真情后，立即调集大量资金购买大批菜牛和肉猪饲养起来。过了不久，墨西哥的瘟疫果然传到了美国这两个州，市场肉价立即飞涨。时机成熟了，他趁机大量售出菜牛和肉猪，净赚数百万美元。

谁也不希望面对危机和遭遇危机，但灾难的降临是不可避免的。对于任何一个企业来说，可怕的并不是面对危机、挑战危机，而是不能够发现危机，并趁此转"危"为"机"。回避不足取，唯一的办法是像上述诸例中的"智"商一样，想办法渡危机、捕商机。只有这样，我们的企业才能做强做大，达到永续经营。

联想总裁柳传志，针对企业的危机管理曾经说道："我们一直在设定一个机制，不让企业的经营部打盹儿，你一打盹儿，竞争对手的机会就会立马来临。"在国内的众多企业中，华为的总裁任正非比其他企业家的危机意识更加强烈。在华为电子处于良好的发展状态的时候，任正非看到的并不是企业的发展和进步，而是企业的失败。他曾经说过："华为之所以可以幸存10年，原因在于这10年中，我时刻思考的都是失败和危机，并没有任何的成就感和自豪感。"

在企业的整个发展过程中，没有一个企业是一帆风顺的，企业寿命的长短，并不在于其是否遇到过困难和挑战，也不在于其面临多么惨烈的竞争，而是在于一个企业的管理者是否具有危机意识。

理念
四

创新是企业发展的不竭动力

理念四
创新是企业发展的不竭动力

创新，重在观念

创新是什么？对于企业而言，创新不是标新立异，更不是异想天开。创新是根据行业的发展情况，结合企业实际从某一方面进行的改革，是对以前不合理、不合适内容的调整和完善。

创新是一个企业成功的灵魂，是企业可持续发展的不竭动力。企业的发展是需要以不断的创新与变革来维护的，要想生存就不能停止创新。而一切的创新都源于人的思想观念的创新，所以观念的创新更处于企业创新的先行地位，因为没有意识的飞跃就没有行动的指南，观念是产生生产力和利润的源泉，是企业成功的先决条件。

说到观念的创新，《伊索寓言》中有这样一个小故事能够非常形象地说明。

在一个风雨交加的深秋夜晚，有一个流浪街头的乞丐到一个富人家去讨饭。

敲开门之后，乞丐还没等说话，富人家的仆人就凶神恶煞地朝他吼道："滚开！我们什么都不会给你，不要来打扰我们。"

面对冷酷无情的仆人，乞丐没有离开，而是可怜兮兮地说："有钱的老爷，行行好吧，天气这么冷，我什么都不要，只要让我进去，在你们的火炉边烤干衣服就行了。"

仆人听了，以为这不需要花费什么，就让他进去了。

乞丐哆哆嗦嗦地走到火炉旁，坐了下来，片刻之后，他从口袋里面掏出一块坚硬的石头，对坐在一边的厨娘说："请您借我一个小锅吧，我肚子饿了，正好有一块神奇的石头可以让我煮一点石头汤喝。"

厨娘听了很惊讶，她还从来没听说过有人能用石头煮汤，于是就到厨房给他取了一个小锅，并在里面装了半锅的水。

乞丐接过锅，放在火炉上，然后把石头扔了进去。

火炉里的火很旺盛，片刻之后锅中的水就开了。乞丐聚精会神地等在火炉旁，甚至还不停地耸动着鼻子去嗅那些并不存在的香气。

厨娘彻底被乞丐的行为吸引住了，作为一个烹饪者她知道不放盐的汤一定不会美味，于是她对乞丐说："你总得放点盐吧。"

乞丐听了恍然大悟，立刻感激地说："对对，您说的太对了，可是我的盐已经用完了。"

于是，厨娘就走到厨房给他拿了一些盐，后来又给了他豌豆、薄荷、香菜。最后，又把能够收拾到的碎肉末都放在汤里。

当然，我们都能预料到故事的结局，这个可怜人最后把石头捞出来扔掉，美美地喝了一锅肉汤。

如果这乞丐对仆人说："行行好吧！请给我一锅肉汤。"会得到什么结果呢？结果是十分明显的。这就是创新观念的力量！

相对于技术、体制、产品的创新来说，观念的创新无疑是最根本的。市场如水，企业如舟，市场行进如逆水行舟，不进则退。时代在进步、经济在发展、竞争在加剧，不求创新、不求进步，又怎么能够跟上时代的脚步呢？

美国有个叫杰福斯的牧童，他的工作是每天把羊群赶到牧场，并看管羊群不越过牧场的铁丝到相邻的菜园里吃菜就行了。有一天，小杰福斯在牧场上不知不觉睡着了。不知过了多久，他被一阵怒骂声惊醒了。只见老板怒目而视，大声吼道："你这个没用的东西，菜园被羊群搅得一塌糊涂，你还在这里睡大觉！"

小杰福斯吓得面如土色，不敢回话。

这件事发生后，机灵的小杰福斯就想，怎样才能使羊群不再越过铁丝栅栏呢？他发现，那片有玫瑰花的地方，并没有更牢固的铁栅栏，但羊群从不过去，因为羊群怕玫瑰花的刺。"有了，"小杰福斯高兴地跳了起来，"如果在铁丝上加一些刺，就可以挡住羊群了。"

于是，他先将铁丝剪成一些5厘米左右的小段，然后把它们结在铁丝上当刺。结好之后，他再放羊的时候，发现羊群起初也试图越过铁丝网去菜园，但被刺疼后，就会惊恐地退回来，被多次刺疼之后，羊群再也不敢越过栅栏了。

小杰福斯成功了。半年后，他申请了这项专利，并获批准。后来，这种带刺的铁丝网便风行世界。

具有创新的观念并不代表就能够在实践中创新，但是没有这种创新的观念就不可能有创新的行为。如果做不到观念上的创新，那么什么体制上的、技术上的创新都无从谈起。企业的管理者应该明白，培养创新观念的最重要的途径就是不断地学习，不断地接触新的事物，不断地打破固有的观念。

创新不是突发奇想、别出心裁，不是别人没做过的我偏要做，过去没做过的现在非要做。创新是根据变化了的条件和环境，采取务实、适用的方法和政策，走应该走的路，做可能做、能做好、有效果的事情。

随着经济全球化的发展速度越来越加快，这个大的趋势对于企业来说既是一个机遇，也是一个挑战，如何把握世界经济发展的潮流，用世界的眼光审视企业自身发展的有利因素和不利条件，通过改革创新，推动企业自身发展，在优胜劣汰的市场竞争大潮中立于不败之地，这是一个重大的课题，也是一个重大的挑战。创新对一个国家、一个民族来说，是发展进步的灵魂和不竭动力，对于一个企业来讲就是寻找生机和出路的必要条件。

想创新，请先克服你的惯性思维

从前有个科学家，把四只猴子关在一只铁笼子里面，并将一个由开关控制的电线连在铁笼子上。然后，科学家往笼子里扔了一只香蕉，猴子们都去抢香蕉。这时，科学家就按下开关使笼子通电。于是，猴子们就都被电到了，很难受，也就不再去拿香蕉了。科学家看到猴子不去拿香蕉就关掉开关，笼子回复正常。猴子不触电了，也就继续去抢香蕉，科学家就继续按开关，猴子继续被电……就这样，猴子在想拿香蕉和怕被电之间徘徊，最后他们形成了一个意识：拿香蕉等于被电。于是四只猴子就都不去拿香蕉了。接下来，科学家就放出其中一只猴子，把一只新猴子放进去。新猴子看到了笼子里的香蕉就想去拿，但却被老猴子阻止了，因为它去拿香蕉，它们就会被电。于是，新猴子知道那香蕉虽然美味但是会带来危险，天长日久也就放弃了。过了一段时间，科学家继续放出老猴子，放入新猴子，新猴子依然被告知不能拿香蕉。如此这般，当笼子里面都是新猴子的时候，依然没有猴子去拿香蕉，即便是科学家已经撤去了通电的装置。

这种现象在我们的生活中也很普遍，某些生活禁忌在很早的时候形成，虽然现在已经根本不具有实用性，但却依然被世人所遵循，成为人们头脑中的一种思维定式，也被称为惯性思维。

惯性思维是一种遵守某种规则的思维定式，常常在不知不觉中对人们的行为起决定性作用。行为心理学告诉我们：一个人一天的行为大约只有5%是属于非习惯性的。如果习惯性的行为稳定并长期持续下去，一旦形成惯性，人就很容易墨守成规，不自觉地排斥新思维，用老眼光、既定思维、老套子、老办法去观察和处理问题。

惯性思维是阻碍创新的最重要因素，要想创新首先就要打破自己的惯性思维，冲破思维定式。

现在的企业界很多人都在倡导管理创新，很多企业家也希望通过新的管理模式来提高组织的效率。但是，企业的管理者应该明白，要想在管理方面创新，就要革除企业中方方面面的惯性思维。这不仅仅是指管理者自身所存在的思维定式，同时也指员工的惯性思维，以及一些长久地存在于企业中的"禁忌"。

为了寻找"王子"，你必须亲吻"青蛙"

青蛙王子的童话故事想必大多数人都知道，美丽的公主为了拯救被咒语变成青蛙的王子，只有亲吻青蛙才能化解咒语。在当今的企业中，创新的重要性被普遍重视，作为企业的管理者，你应该知道，创新并不是那么容易，最经常伴随创新的就是失败。于是，一个很有价值的理念诞生了："为了发现王子，你必须要与无数个青蛙接吻。"

这个理念来源于美国3M公司的首席执行官詹姆斯·麦克奈尼。他这样解释这个理念："一个池塘中生活着无数只青蛙，只有一只是王子变的，公主想要找到王子，就要亲吻无数只青蛙。对于企业来说，王子就是我们迫切想要得到的创新，而那些普通的青蛙则是创新过程中会遇到的失败与挫折。为了得到王子，你就必须要亲吻无数只青蛙。"

爱迪生经过无数次的失败才找到最适合的钨丝，想要创新就应该允许失败的出现。3M公司知道千万个新产品的构思可能只会成功若干个。但是作为企业的管理者，如果你想发展企业，想要找到企业发展的不竭动力，想要找到持续成功的秘诀，那么你就应该敢于"亲吻青蛙"。虽然，"亲吻青蛙"经常意味着失败，但是3M公司把失败和走进死胡同作为创新工作的一部分。其所蕴含的哲学思考是"如果你不想犯错误，那就什么也别干"。

一家拥有几百名员工的造纸厂因为老旧的管理理念和落后的技术面临着破产的境地，老板是名叫做维特的中年企业家，有着火暴的脾气和雷厉风行的性格。眼看着企业走向绝地，他想到了自己的好朋友——当时已经成为管理学大师的彼得·德鲁克。

"亲爱的德鲁克，我现在有一个问题想要请教你……"维特拿着电话对彼得·德鲁克说了自己面临的困局，尤其提到了他的员工没有创新意识。

听完维特的介绍之后，彼得·德鲁克说道："亲爱的维特，我们是多年的老朋友了，我当然很愿意帮助你解决问题，针对你所说的情况，我想你是否应该考虑考虑如何鼓励你的员工去犯错误，或许你的企业正是缺少这样的企业文化……"

"什么，你是开玩笑吧？除非我疯了才会这么做。"维特感到匪夷所思，然后彼得·德鲁克听到了他在电话那边严厉地训斥一个员工不应该出现失误。

此时的彼得·德鲁克已经明白了问题的症结所在，在维特看来，员工出现的工作差错，犹如洪水猛兽，是应该被严格禁止的，怎么会去鼓励呢？

最终，维特没有采纳彼得·德鲁克的建议，继续着自己的方式，然后不可避免地破产。

无论是在日常生活中还是工作中，创新都是一项高风险的创造性活动。优秀的管理者应该明白想要自己的员工具有创新能力，就应该对他们的失败表示宽容。但是，允许失败并不是放任自由的、不负责任、无目的的行为，而是激发员工们的挑战精神和战胜各种困难的勇气，以及最终培养员工的创新意识。

理念五

专业化还是多元化

理念五
专业化还是多元化

专业化：最具竞争优势的发展方式

哈佛大学的一家研究机构在2004年的时候曾经针对全球各个行业中的知名企业进行了大量的比较研究，发现这些企业在发展的过程中，几乎都遵循着相似的发展模式，那就是专业化的发展道路。

专业化被普遍认为是最具有竞争优势的企业发展模式。例如，专业化可以提供给企业差异化的竞争优势，而且能够让企业灵敏地感受到外部市场的变化，并作出快速反应，从而提高企业的效率。

毫无疑问，企业的专业化能力可以加强企业产品同其他同类产品的差异化，创造多个竞争优势。例如，具有差异化的公司能通过较高的产品定价和抢占新市场来增加收入；与外部专家合作能增加利润并允许公司退出无利可图的市场。实现差异化需要企业强化关注力和专业知识，提高对核心业务的控制能力，这在某种程度上能产生强大的风险抑制力。但是公司必须明确自己在整个行业中所处的位置，只投资真正具有差异化意义的业务，并在驱动这些业务创新的同时寻求建立适当的互补型合作关系，这一点非常关键。

宝洁公司是世界最为著名的个人消费品公司，虽然公司经营的品种繁多，但是却依然保持着专业化的经营发展模式。宝洁公司拥有大量的内外部"专家"

（一种伙伴性质的中小型合作企业），并在大多数的业务领域同时依靠这些"专家"。宝洁公司总裁 A. G. 雷夫利这样解释公司的经营原则："我们的核心能力是开发和商品化，品牌推广和客户业务拓展都是核心能力。但在许多领域，我们断定生产、后端支持不是核心能力。因此，我让企业将大量功能外包出去。只有做你最擅长的，才能做得最好。"

在宝洁公司内部，公司始终密切关注产品研发和品牌推广，但并非所有的产品构思都必须由内部提供。实际上，即使在核心业务领域，宝洁也主张利用外部"专家"。例如，宝洁曾与专业设计公司 Design Continuum 合作，开发出高度成功的拖把业务。在外部，宝洁在非核心业务领域与合作伙伴及"专家"展开了广泛的合作。2002 年，公司将全球设施管理功能外包给了外部"专家"。宝洁的 IT 基础设施、成品配送和物流等工作都由外部"专家"全面负责，公司于 2003 年将多个人力资源外包给了第三方。在中国，宝洁也贯彻了在全球的做法，将物流等一系列非核心业务交由本地"专家"完成。

在我们看来，宝洁公司似乎应该是多元化的发展模式，但实际上他们却将自己所不擅长的，但又是自己的经营范围内不可或缺的部分交给同公司合作的外部公司来做，不仅降低了经营风险，也能使公司更加专注于自己的核心业务。

对市场环境的快速应变是专业化企业的第二个优势。一直以来，大多数的企业都根据当前市场的变化来预测未来市场的变化趋势，并迫使客户接受公司的价值主张。这些企业中充满了固定流程，不仅延长了推出新业务所需的时间，还大大制约了各部门有效协作的能力。相比之下，专业化的企业通过减少那些不必要的或者同核心业务联系不密切的业务，能够快速感知并响应市场环境及客户需求的变化。

实行专业化发展模式的企业的效率通常也会远远高于采用传统业务模式的企业。传统企业致力于一体化整合，乐于投资固定资产，追求自主开发核心能力，并希望在所有业务领域创建规模优势。专业化企业则把主要资源聚集在具有战略意义的业务领域。这就使得专业化企业能够灵活地适应成本结构和业务流程，在更高的生产力、成本控制、资本效率和财务可预测性水平上降低风险并开展业务。

以前大多数人都认为在多元化和专业化之间有着一条很清晰的界限。但从很多国内外知名的大企业的发展历程来看，这些原本清晰的界限已经开始变得越来越模糊了。第一个原因是随着经济的发展，产业之间的融合、交叉、衍生越来越成为现实，外包、战略联盟合等作形式的出现更加剧了这种趋势，多元化与专业化的界限也就越来越模糊了。另外一个重要的原因是这两种发展模式通常都共同出现在这些大的企业发展历程之中。

多元化是把双刃剑

多元化经营是指一个企业同时经营和提供两种或两种以上的产品或服务。英国伦敦商学院的教授唐纳德·索尔认为，如果一个企业具备所有多元化的经营条件，那么就能获得商机，在竞争中取得胜利。如果缺少必须的一个或几个因素，就会被这种经营策略拖垮。

事实上也的确如此，无论是专业化经营还是多元化经营，这两种经营模式本身并没有优劣之分，而是根据企业本身的情况来定。多元化经营是一把双刃剑，如果运用得当可以使企业得到飞速发展，如果运用不当，可能会把一个企业置于死地。

上个世纪 70 年代的时候，百事可乐公司在饮料行业所占的市场份额已经饱和，虽然当时的销售业绩不错，但是在与可口可乐的竞争中，已经很难再有大的发展空间，所以百事可乐的高层决定涉足其他行业。1977 年，百事可乐已经将它的经营范围扩大到餐饮行业，虽然在很短的时间内就收购了必胜客、肯德基等非常著名的快餐店，但在餐饮业巨头麦当劳强大的竞争力面前很快就显得有些力不从心了，并且因为耗费了大量的人力和物力，使得经营良好的饮料市场开始萎缩，市场份额急转直下，甚至一度达到了落后可口可乐 11 个百分点的糟糕局面。

百事可乐这次多元化探索的失败就在于进行多元化经营的时候，忽视了对自身核心业务的经营。从企业经营策略方面来讲，要想成功地进行企业的多元化经营，必须要与自己的核心竞争力相结合，以企业核心竞争力为基础，并把核心竞争力延伸到自己可以发展的行业内，以争取在不同的领域取得成功。

我们都知道佳能公司最初的经营产品是照相机，在十年时间的专业经营中，佳能始终坚持以技术为主导的经营策略，并在照相机市场竞争中取得了领先地位。在其发展的过程中，佳能公司预测到将来的电子技术将被广泛运用，于是它开始向电子计算器行业进军。经过潜心经营和不断积累经验，佳能公司掌握了当时最先进的微电子技术。到上个世纪 60 年代后期，佳能凭借自己在精密机械制造技术、光学技术、微电子技术等领域的强大实力开始进入复印机、打印机、传真机等新兴行业，并使这种多元化经营取得了成功。

哲学家认为，世界上的所有事物都具有两面性，多元化的经营模式自然也不例外。如果运用不当，不仅会使企业没有新的突破，甚至会把企业带进绝境之中。如果掌握好原则，把握好分寸，则可以让企业取得跨越性的发展和质的飞跃。

专业化还是多元化？　企业说了算

不管是在理论界还是在企业界，关于多元化发展好还是专业化发展佳的争辩和讨论一直都没有停止过。推崇专业化的人认为，专业化的企业具有业务上的一致性、管理成本比较低，和专业化的企业相比，多元化的公司要在不同的业务单元之上增加一个综合管理层，并需要协调不同业务单元之间的竞争和合作关系，这些都会增加额外的管理成本。而推崇多元化的人则认为，多元化的企业由于可以在内部传递、共享技术、知识、经验，业务上可以共享渠道、品牌、公共关系、基础管理等资源，又可以降低每一业务单元的成本。

不管是多元化还是专业化，两者都有着为数巨大的拥护者，而且各自都有着一套严格精确的理论和例证。

但是判断一个企业应该多元化经营还是专业化经营并不是很直观的事情，往往会让企业的管理者觉得非常困扰。我们在之前了解了很多专业化所能带给企业的优势，但是专业化同样存在着不可避免的弊端。

十九世纪的时候，美国的铁路业作为主要的远程交通运输行业，曾经获得高速发展，在股票市场上也出现过铁路股票疯狂上涨的局面，但进入二十世纪之后，随着公路、航空等其他交通运输行业的发展，美国的铁路业走向了日渐衰落的地步。

管理学家分析美国铁路公司的问题时主要认为铁路公司过窄的定义了自己的使命，如果铁路公司把自己的使命定义为"运输事业"而不是"铁路事业"，那么当面临运输模式发生革命性变化的时候，就不会让机会从身边错失。

所谓的专业化还是多元化，是相对于具体的企业来说的，同样的业务，对一个企业是专业化经营，对另外一个企业就可能是多元化经营。这和企业的规模、经营模式、管理手段有关系。

戴尔公司最开始是做 PC 销售的，经过若干年的发展之后，已经把业务逐渐扩展到了打印机、服务器、存储设备领域，不过到这个时候，人们一般还是认为戴尔是专业销售 PC 的。2003 年戴尔将"戴尔电脑公司"简化成了"戴尔公司"，从公司名称的变化我们可以看得出来，戴尔已经作好了要跨越电脑业边界的准备，而确实戴尔在美国市场上已经开始销售平面电视了。或许在不久的将来，戴尔卖汽车都不是天方夜谭，那戴尔是不是开始多元化扩张了呢？从跨业务发展的角度看是，从另外一个角度看，戴尔一直在做一个高效装配和配送的公司，业务是高度专业化的！

专与博，历来都是一个古老的辩证范畴，但是如今我们把其运用到企业发展的战略之中，就应该引起一些思考。首先，如何保证专业化生存与多元化商业形态的和谐；其次，在广泛的科技进步中如何把握住企业扩张的基本坐标而不至于忘乎所以；第三，一个企图成长的公司应该怎样设计其方向与张力——在纵横捭阖中举一反三，在八面来风中一本万利。

　　一个企业究竟要实行多元化经营还是单一化经营，这要根据企业自身的状况而定。要想进行多元化经营，就必须增强自身的核心竞争力，立足并巩固自己的主导行业，只有把自己的主导行业做强做大，才可以涉足其他行业。

理念六

细节决定成败

理念六
细节决定成败

多米诺骨牌与蝴蝶效应

多米诺骨牌是一种用木、骨或塑料制成的长方形骨牌。玩时将骨牌按一定间距排列成行，轻轻碰倒第一枚骨牌，其余的骨牌就会产生连锁反应，依次倒下。哥伦比亚大学物理学教授德怀特曾经制作了一组13张的骨牌，第一张只有小手指甲大小，然后每一张牌都比前面的一张牌体积扩大1.5倍，这个数据是按照一张骨牌倒下时能够推到一张1.5倍体积的骨牌而选定的。事实上，德怀特教授本来想多做几张，但是当他发现，照此算下去，第32张骨牌将高达415米。如果把这32张骨牌排成一列，最后面的第32张放在纽约帝国大厦的面前，那么只要有人轻轻将第一张微不足道的骨牌碰到，第32张骨牌倒下的力量就能够瞬间推倒帝国大厦。

这并不是一个耸人听闻的故事，众多的实验已经证明了在一个相互联系的系统中，一个很小的初始能量就可能产生一连串的巨大连锁反应，于是，人们就把它称为"多米诺骨牌效应"或"多米诺效应"。

与多米诺骨牌效应有着异曲同工之妙的是美国著名气象学家洛伦兹提出的蝴蝶效应理论，对这一理论最形象的说明是：一只在亚马孙河流域的蝴蝶偶尔扇动几下翅膀，就可能会在美国的得克萨斯州引起一场龙卷风。相较于前面的多米诺骨牌效应，这个理论更让人难以置信，但它同样说明一个事件中一个微小细节的改变，却足以造成反差巨大的结果。

无论是多米诺骨牌效应还是蝴蝶效应，如果把它们引入到企业管理之中，它们所指向的都是细节。世界级的竞争，就是细节的竞争，一个管理者不仅仅要关注企业的宏观发展战略，还要注意企业微观方面的管理内容。只有从细节入手把工作做细，才能在企业中形成一种注重细节的良好氛围，从而为企业带来巨大的生命力与竞争力。

细节管理讲的是作为企业的管理者要从小处着眼，大处着手，在日常管理上，只有注意必要的细节，才能深入了解管理过程中的细微之处。正如老子所说："天下难事，必做于易；天下大事，必做于细。"

但随着经济的发展、社会产品的丰富和人民生活水平的提高，人们对生活质量的要求越来越高，对产品和服务质量的要求也越来越高。这种高要求，落实到实践中就是对细节的完美追求。同时，面对 WTO 带来的全球性的竞争，粗放式管理再也不能继续进行下去了。企业要想成功，一定要不遗余力地重视细节的改进。而细节改进的方向，就是满足人们对生活精致化的要求，一句话，就是人性化的要求。

做好每件小事就是在做大事

九层之台起于垒土，千里之行始于足下。任何事物都是从微末之间诞生和发展壮大的。我们经常被灌输这样一种观点：看历史要看大势，看形势要看主流，看人物要看大节，并以"只见树木，不见森林"这一反面哲学命题来不断强化这种观念。这些观点旨在告诉我们应该具有大局观念和长远意识，当然，不能说这种观点是错的，但不断地强化这种观念，会导致人们对具体细节的忽视。然而，正如孟子向梁惠王所设问的：有"能明察秋毫而不见舆薪"的人吗？不可能！秋天鸟兽身上的细毛都能看清楚的人，还能看不见一车柴禾吗？

做好每件小事就是在做大事。其实，细节比大势、主流、大节更重要。所谓的大势、主流、大节不都是要通过具体的事例、具体的细节来表现吗？而且小事、细节也以其生动、直观、真实的特点而显得更鲜活，更具有表现力，而且也可由小见大，见微知著，成为事物发展变化的一种征兆。

密斯·凡·德·罗是20世纪世界四位最伟大的建筑设计师之一，在被要求用一句最概括的话来描述他成功的原因时，他只说了五个字"魔鬼在细节"。他反复强调的是，不管你的建筑设计方案如何恢弘大气，如果对细节的把握不到位，就不能称之为一件好作品。细节的准确、生动可以成就一件伟大的作品，细节的疏忽会毁坏一个宏伟的规划。

当今全美国最好的戏剧院不少是出自密斯之手。他在设计每个剧院时，都要精确测算每个座位与音响、舞台之间的距离以及因为距离差异而导致的不同听觉、视觉感受，计算出哪些座位可以获得欣赏歌剧的最佳音响效果，哪些座位最适合欣赏交响乐，不同位置的座位需要做哪些调整方可达到欣赏芭蕾舞的最佳视觉效果，而且更重要的是，他在设计剧院时要一个座位一个座位地去亲自测试和敲打，根据每个座位的位置测定其合适的摆放方向、大小、倾斜度、螺丝钉的位置等等。他这样细致周到地为顾客考虑的结果，使他成为了一个伟大的建筑师。

物理学中有一个说法，所有的宏观都是由微观构成的。明白这个道理的人不知凡几，可是又有几个人真的能够做到无微不至呢？特别是市场之中，忽略一点小的细节都可能造成难以挽回的损失。这就要求企业的管理者要重视细节，紧抓小事。如果你能够在所有小事上都做到优秀，那么世界上也就没有什么大事能够难住你了。

沃尔玛之所以能够成为全球最大的连锁零售企业，关键就在于它注重细节，从细节中取胜。小到一个纸杯、一张打印纸、一根包装绳索都有着细致的说明和规定。麦当劳对原料的标准要求极高，面包不圆和切口不平都不用，奶浆接货温度要在四摄氏度以下，高一度就退货；海尔生产线的十个重点工序都有质量控制台，155 个质量控制点都有质量跟踪单，产品从第一道工序到出厂都建立了详细档案；戴尔公司把软件开发分为 18 个过程域，52 个目标和 300 多个关键实践，详细描述第一步做什么，第二步做什么。

作为一名企业的管理者，应该注重对企业细节的管理，把重视细节的精神转化为日常工作的实际行动，从自己做起，从现在做起，牢固树立重视细节的观念，凡事都要从大处着眼，从小事做起，决不容许漠视细节的现象存在。对于公司的每项决策都要制定操作规范，设立考评指标，使其与平时的每项工作都挂起钩来；扎扎实实地工作，紧抠细节，把工作的方方面面都做得细而又细。

作为一个公司领导，不需要、也不可能事必亲躬，但一定要明察秋毫，能够在注重细节当中比他人观察得更细致，在某一细节的操作上做出榜样，使员工有效法的标本，并形成一种威慑力，使每个员工都不敢马虎，无法搪塞。只有这样，企业的工作才能真正做细。

作为企业的管理者要把重视细节、将小事做细培养成一种习惯。通过长期积累，自然会使你的工作成绩有大的提高。如果只图一时，而不顾长远，自然起不到这样的效果。就像毛泽东所说的："一个人做一件好事并不难，难的是一辈子做好事。"不在一时，而在一世，在每一个细节上把事情做好是相当难的。

注重细节管理

成功者与失败者之间究竟有多大差别？人与人之间在智力和体力上的差异并不是人们想象中的那么大。很多小事，一个人能做，另外的人也能做，只是做出来的效果不一样，往往是一些细节上的差异，决定着完成的质量。看不到细节，或者不重视细节的人，对工作缺乏认真的态度，对事情只能是敷衍了事。这种人无法把工作当做一种乐趣，而只是当做一种不得不受的苦役，因而在工作中缺乏工作热情。他们只能永远做别人分配给他们做的工作，甚至即便这样，也不能把事情做好。而考虑到细节、注重细节的人，不仅认真对待工作，将小事做细，更注重在做事的细节中找到机会，从而使自己走上成功之路。

东京一家贸易公司有一位小姐专门负责为客商购买车票。她常给德国一家大公司的商务经理购买来往于东京、大阪之间的火车票。不久，这位经理发现一件趣事，每次去大阪时，座位总在右窗口，返回东京时又总在左窗边。经理询问小姐其中的缘故。小姐笑答道："车去大阪时，富士山在您右边；返回东京时，富士山已到了您的左边。我想外国人都喜欢富士山的壮丽景色，所以我替您买了不同座位的车票。"就是这种不起眼的细心事，使这位德国经理十分感动，促使他把对这家日本公司的贸易额由 400 万马克提高到 1200 万马克。他认为，在这样一个微不足道的小事上，这家公司的职员都能够想得这么周到，那么，跟他们做生意还有什么不放心的呢？

细节既能创造正效益，也会产生负效益。一次，国内一位旅客乘坐某航空公司的航班由济南飞往北京，连要两杯水后又请求再来一杯，还歉然地说实在口渴，服务小姐的回答让她大失所望："我们飞的是短途，储备的水不足，剩下的还要留着飞上海用呢！"在遭遇了这一"细节"之后，这位旅客决定今后不再乘坐这家公司的飞机。

在商场中有这样一句话：每一条跑道上都挤满了参赛选手，每一个行业都挤满了竞争对手，你任何一个细节做得不好，都有可能把顾客推到竞争对手的怀抱中。可见，任何对细节的忽视，都会影响企业的效益。

企业管理最忌讳的是大而化之，精于细微才能真正提高管理水准，所以企业管理应该像王永庆所说的那样，不能只重视"面"和"线"，而忽视了"点"；应该重视"点"，"点"真正完善了，"线"和"面"就简单了。各事物的基本问题还是在"点"上，而"点"的改善是无止境的，如何画好"点"，则体现了艺术。

同时，我们也应该把平时工作态度提升到艺术的高度，这会让我们更加注重对于细节的追求。每个人都要用搞艺术的态度来开展工作，要把自己所做的工作看成一件艺术品,对自己的工作精雕细刻,追求细节。只有这样,你的工作才是一件优秀的艺术品,也才能经得起人们的细心观赏、品味。

推而广之,做精品工程就是追求细节完美的艺术化过程。对于企业来说,只有对细节不懈地追求,才能拿出令顾客满意的产品和服务;对于个人来说,也才能拿出最好的成果给自己和公司一个交代。

理念
七

优秀的管理，出自一流的沟通

理念七
优秀的管理，出自一流的沟通

没有沟通，就没有成功的企业

有人说：一个人成功的因素25%靠天才和能力，75%靠沟通。的确，沟通能力从来没有像现在这样成为个人成功的必要条件。在企业内部，人们越来越强调建立学习型组织和营造高绩效团队。如何不依赖货币资本的投入，提升沟通的技巧，是一种可令企业效率与利润倍增的有效选择。

现代管理学之父彼德·德鲁认为，沟通能力是所有能力中最重要的能力，对于企业的管理层来说在某种程度上比专业能力还重要。试想，如果一个企业的管理者没有良好的沟通能力，即使专业能力再强，却表达不出来，或表达不准确、不清楚，让人无法了解你的真实想法，合作也就无从谈起。

沟通，既体现在一般的人与人之间的交往上，也体现在朋友、同事，甚至夫妻之间的交往上，可以说，沟通在我们生活当中无处不在，某种意义上说，沟通已经不再是一种职业技能，而是一种生存方式了。现代社会强调最多的就是社会分工，是合作精神，没有谁是可以包打天下的。而且随着社会化分工越来越细，团队精神和协作精神只会越来越重要，这样一来，就对沟通能力提出了更高的要求。

有一个秀才去买柴，他对卖柴的人说："荷薪者过来！"卖柴的人听不懂"荷薪者"（担柴的人）三个字，但是听得懂"过来"两个字，于是把柴担到秀才面前。

秀才问他："其价如何？"

卖柴的人听不太懂这句话，但是听得懂"价"这个字，于是就告诉了秀才价钱。

秀才接着说："外实而内虚，烟多而焰少，请损之。"（你的木柴外表是干的，里头却是湿的，燃烧起来，会浓烟多而火焰小，请减些价钱吧。）

卖柴的人因为听不懂秀才的话，于是担着柴就走了。

最后，想买柴的没买到，想卖柴的没卖出。

看吧，这就是沟通不畅的结果。

纵观国内外的知名企业，没有一个不重视沟通的，无论是联想的柳传志还是海尔的张瑞敏，也不管是 GE 的杰克·韦尔奇还是管理学大师彼德·德鲁，都将沟通视为企业管理中最关键的部分，可以说，如果没有良好的沟通，就不会有成功的企业。

现为日本经济团体联合会会长的奥田硕，曾经在上个世纪 80 年代初的时候担任丰田公司的董事长，是丰田公司第一位非丰田家族成员的总裁。在长期的职业生涯中，奥田硕赢得了公司内部许多人士的深深爱戴。因为他非常注重同企业员工的沟通。他工作中三分之一的时间都在丰田城里度过，常常和公司里的多名工程师聊天，聊最近的工作，聊生活上的困难。另外三分之一的时间用来走访5000 名经销商，和他们聊业务，听取他们的意见。

如果你曾进入过全球最大的个人电脑生产公司——惠普公司，你会发现这样一个现象，那就是公司总裁的办公室从来没有门，无论是在美国的总部，还是在中国的分公司，都是这样的。原惠普公司总裁马克·赫德说："这是因为公司非常注重管理层同员工的沟通，员工受到顶头上司的不公正待遇或看到公司发生问题时，可以直接提出，还可越级反映。"这种注重沟通的企业文化使得人与人相处时，彼此之间都能做到互相尊重，消除了对抗和矛盾。

福特公司每年都要制订一个全年的"员工参与计划"。动员员工参与企业管理，增强了公司内部的沟通和交流。此举使员工投入感、合作性不断提高，合理化建议越来越多，生产成本大大减少。

沟通可以说是企业管理的最高境界，许多企业管理问题都是由于沟通不畅引起的。沟通不良会导致生产力、品质与服务不佳，使得成本增加。良好的沟通，可以使人际关系和谐，可以顺利完成工作任务，达成绩效目标。

沟通重在倾听

许多领导者都喜欢一意孤行，很少能听进去其他人的意见。当别人有意见的时候，他们也喜欢命令别人保持沉默。如果有人执意发表己见，这样的领导会认为提出意见的人是制造麻烦的人。长此以往，在他面前就不会有人再提出自己的建议，企业也将丧失前进的动力。因此，作为领导者要有宽大的胸襟、成熟的处世态度，才能在与下属的沟通中，倾听下属的意见，接纳不同的观点。

有着世界最伟大CEO之称的杰克·韦尔奇是一个成功的领导者，同时也是一个懂得并重视倾听的人。韦尔奇说："当公司规模小时，管理者和公司内所有的员工都能保持密切的工作关系，因为经常倾听别人的意见并不是一件困难的事。但是，如果公司拥有几万、几十万员工的话，若以相同方式去倾听员工的意见，实际上已经不可能了，时间和精力都不允许。但尽管如此，每个人还是和从前一样重要，必须有人去倾听他们的想法。可能的解决方法就是使管理人员铭记在心，通过不断训练，记住倾听是一件重要的事情。"

据说唐朝的时候，西域某国曾经派使臣来长安向皇帝表示臣服。使臣进贡了很多珍宝，其中有三个一模一样的金人，制作得非常精美，深受皇帝的喜欢。

使臣看到皇帝很开心，就趁机说："臣在敝国时就曾听闻长安是整个天底下最繁华的地方，大唐的子民也都聪颖异常，皇帝陛下更是英明神武，但直到今日才知道所言非虚。只是敝国的国王曾嘱咐过臣，一定要让臣证明一下，希望陛下能满足臣这一个小小的愿望。"

皇帝听了，自然满口答应。

于是使臣就说："请陛下告诉臣这三个金人中哪一个才是最有价值的。"

皇帝研究了半天也没能得出答案，于是只能请来珠宝匠。但无论是称重量，看做工，都无法发现其中的差别。

皇帝很尴尬，就求助于文武百官。但是想了很多办法都不能找出最有价值的一个。泱泱华夏，不会连这个小事都不懂吧！皇帝很羞愧。正在这个时候，一位已经很老的大臣说他有办法。

皇帝就让他说出他的办法，老臣胸有成足地掏出三根稻草，分别插入三个金人的耳朵中。结果稻草从第一个金人的这边耳朵进去，又从另一边耳朵出来了。第二个金人的稻草从嘴巴里直接掉了出来，而第三个金人，稻草进去后掉进了肚子，什么响动也没有。

老臣说：第三个金人最有价值！

使臣立即点头称赞。

一些成功的管理者通常也是最佳的倾听者。通用电气公司有一位新上任的销售经理，因为他刚刚上任不久，对本部门的一些业务还不是很懂。当他卜属的推销员向他请教忠告时，他不能回答些什么，因为他不懂。但尽管如此，这位经理却知道自己应该去倾听，无论下属问什么，他总是回答："你认为该怎么做？"

听到上级询问后，属下提出了自己的建议，然后经理点头同意，最后推销员满意地离去，心里还在想：我的经理真是个了不起的人。

这就是领导的用人艺术、倾听的艺术，给别人发表看法的权力，不着急下结论。有时候，领导是根本不需要亲自去解决问题的，只要他善于倾听，让下属感觉到上级正在重视他，那么他就会义不容辞地替领导解决问题，最后下属也会认为是在领导的帮助下才解除了困难。

倾听也许是所有沟通技巧中最容易被忽视的部分，但一个优秀的领导应该多听少讲，这也许就是上天为什么要赋予人类两只耳朵，一张嘴的原因吧。

沟通无时不在，无论是生活中还是工作中，我们都需要沟通。怎样使自己的沟通更高效，关键在于倾听的艺术。一名管理者不能光爱听奉承话，不爱听与自己意见不同的话，更听不进批评的话，这是管理者致命的弱点。作为一个管理者，要善于倾听来自不同地方的不同声音，这既体现了一个领导者的胸怀，也标志着一个管理者的能力。

做好沟通，管理者应该有"五心"

沟通看起来很简单，但能否按正确的方式沟通，让员工心悦诚服非常关键。概括起来说，沟通中的35%是来自语言沟通，而65%是依靠非语言沟通。记得有人说过，沟通的关键不是沟通的内容而是如何用对方可以接受的方式来沟通。企业的员工与管理者本身就是不同利益的两个主体。想要作好沟通，企业管理者首先要具备"五心"。

1. 尊重的心

管理者应像尊重自己一样尊重员工，始终保持一颗平等的心，更多强调员工的重要性，强调员工的主体意识和作用。员工会因此而感到自己受到了尊重，从而激发出与企业同甘共苦的心态。管理者应将尊重贯穿在企业中，因为尊重体现了管理者的素养，也体现了企业的文化。

2. 合作的心

管理者与被管理者的利益矛盾是无法改变的，但是通过合作关系的确立，可以改写企业的工作氛围。因此，管理者应该具备一颗同员工合作的心。

3. 服务的心

把员工当成自己的内部客户，只有让内部客户满意才可以更好地服务于外部客户。管理者是为员工提供服务的供应商，要做的就是充分利用企业现有资源为员工提供工作上的方便以及个人的增值。

4. 赏识的心

学会欣赏自己的员工而非一味地苛责。当一个人被赏识的时候，他可以受到极大的激励。作为管理者，需要首先以赏识的眼光对待自己的员工，并且让他们知道。

5. 分享的心

企业管理者应该清楚，分享是最好的学习态度，也是最好的企业文化氛围。管理者与员工在工作当中不断地分享知识、分享经验、分享目标、分享一切值得分享的东西。

其实，管理很简单：只要与员工保持良好的沟通，让员工参与进来，在企业内部形成合理的、从下到上，而不是从上而下的运行机制，就可实现真正的管理。一句话，让员工把工作当成一件快乐的事情就获得了最大的成功。

理念八

竞争出强者：感谢你的对手

理念八
竞争出强者：感谢你的对手

感谢你的对手

西方有一句著名的谚语说："看一个人的身价，要看他的对手。"在市场中这条谚语同样适用，衡量一家企业的实力，看看它的竞争对手就知道了。作为一名企业的管理者，你应该庆幸你拥有一个实力强劲的对手，因为你的对手实力强悍，那说明你的实力也不弱。

许多人都把对手视为心腹大患，恨不得除之而后快。其实一个旗鼓相当的对手，带给你的好处远比弊端要多得多。不知你是否想到，在一个人的生命里，会因为没有对手而难以实现自我的人生超越，会因为没有对手而备感孤寂和不思进取，会因为没有对手而懒惰甚至堕落。在人生旅途的成功和顺境之中，激励你前进的往往不是朋友和亲人，不是金钱和荣誉，而是那些希望打倒你的对手。企业也是如此，没有竞争对手的企业常会因为缺乏昂扬的斗志和积极向上的活力而逐渐没落。

在非洲的大草原上有这样两群羚羊，它们同族同种，但却被一条大河分开。虽然两群羚羊仅被一条大河隔开，但是东岸和西岸的羚羊却有着截然相反的表现。因为有狼的存在，东岸羚羊群的繁殖能力比西岸的强，羊群的奔跑速度也比西岸的要快很多。而西岸的羚羊群，因缺少天敌的威胁，变得肥胖，奔跑速度下降，生殖率降低，病死率非常高。当科学家把西岸的十只羚羊放到东岸一年以后，这十只可怜的羚羊只剩下三只，剩下的全部被狼吃掉了。而与之相对应的，东岸的羚羊群继续繁殖扩大。科学家发现，东岸的羚羊的强健得益于生活在它们附近的狼群，西岸的羚羊之所以弱小则是因为缺少天敌的威胁而养尊处优。

草原中的羚羊因为狼的存在而不断繁衍壮大，"物竞天择，适者生存"是恒久不变的自然法则，没有对手，就缺乏积极向上的动力；没有竞争，就没有发展；没有对手，自己就不会强大。正因为有了对手，才唤起你激励自己、超越自己的勇气和动力！

对手的出现，是一种压力，也是动力，促使我们更加努力，如果我们不想被打败，就必须不断进步。对手就像一面镜子，让我们看清自己，改正缺点，完善自我。没有对手的日子并不是幸福的，平淡无奇的日子会让我们慢慢地沉沦下去，当斗志完全被消磨掉后，那将会是怎样可怕的人生？

无论是作为一个人还是一个企业，你都应该感谢你的对手，因为正是有了对手的存在，你才能不断地发现你的缺陷和不足，并逐渐地完善自己；正是有了对手的存在，你才会感觉到那无处、无时不在的压力和威胁，并时时刻刻地保持警醒；正是因为有对手的存在，才会让你在工作中不自觉地缜密思考，改进错误和不足，三思而后行，不断修正自己的错误，不断进步，激发潜能，超越自我，创造出惊人的成绩。

当你面对众多对手的时候，不要灰心丧气，也不要充满敌意，因为，你要想获得成功，你的对手才是你真正的动力。如果你成功了，要感谢对手，是他们给了你力量和启示。如果你失败了，也要感谢对手，是他们让你找到了不足和差距。

引入"鲶鱼"，激活团队竞争力

挪威人喜欢吃沙丁鱼，尤其是活鱼。市场上活沙丁鱼的价格要比死沙丁鱼高好多倍。所以渔民们总是千方百计地想办法让沙丁鱼活着回到渔港。但是即便渔民们想尽了办法，也避免不了绝大部分沙丁鱼在中途因窒息而死亡。不过，却也有例外，同样是出海捕鱼，一位叫做拉克的老渔民每次捕回的沙丁鱼都是活蹦乱跳的，很少有死亡的。渔民们都困惑不解，但老拉克一直严格地保守着这个秘密。因为活的沙丁鱼价格高，老拉克开始慢慢地富裕起来，后来当他积累的财富已经得以使后代不用以捕鱼为生的时候，这个谜底才被揭开。原来是老拉克在装满沙丁鱼的鱼槽里放进了一条喜欢吃沙丁鱼的鲶鱼。鲶鱼进入鱼槽后，由于环境陌生，便四处游动。沙丁鱼见了鲶鱼十分紧张，左冲右突，四处躲避，加速游动。这样沙丁鱼因缺氧而死亡的问题就迎刃而解了。这样一来，一条条沙丁鱼欢蹦乱跳地回到了渔港。这就是著名的"鲶鱼效应"。

团队也如同故事中的沙丁鱼一样，无论何种类型的团队，时间久了，其内部成员由于互相熟悉，就会缺乏活力与新鲜感，从而产生惰性。因此，这个时候管理者就有必要找些外来的"鲶鱼"加入团队，制造一些紧张气氛。

"鲶鱼"的加入，会对团队中的老成员产生压力，因为每个人都有自尊心，那些本来开始碌碌无为的成员为了证明自己在团队中的价值和维护自己在团队中的地位，不得不再次努力工作，于是原本死气沉沉的团队又开始焕发出新的活力。而对于那些在能力上刚刚能满足团队要求的队员来说，"鲶鱼"的进入，将使他们面对更大的压力，稍有不慎，他们就有可能被清出团队。为了继续留在团队里面，他们也不得不比其他人更用功、更努力。

"鲶鱼效应"是企业管理者激发员工活力的有效措施之一。它通常情况下表现在两方面：一是人员"鲶鱼"的引入，另一方面就是技术"鲶鱼"的引入。人员"鲶鱼"的引入是为了使企业不断补充新鲜血液，把那些富有朝气、思维敏捷的年轻生力军引入到职工队伍中甚至管理层中，给那些固步自封、因循守旧的懒惰员工和管理者带来竞争压力，才能唤起"沙丁鱼"们的生存意识和竞争求胜之心。技术"鲶鱼"的引入，是指企业要不断地引进新技术、新工艺、新设备、新管理观念，这样才能使企业在市场大潮中搏击风浪，增强生存能力和适应能力。

上个世纪50年代的时候，本田公司总裁本田宗一郎在对欧美企业进行考察的时候，发现许多企业的人员基本上由三种类型组成：一是不可缺少的人才，约占二成；二是以公司为家的勤劳人才，约占六成；三是终日东游西荡，拖企业后腿的无用人才，占二成。回到日本后，他发现本田公司的人员中，缺乏进取心和敬业精神的人员比那些欧美公司的更多。那么如何使前两种人增多，使其更具有敬业精神，而使第三种人减少呢？如果对第三种类型的人员实行完全淘汰，一方面会受到工会方面的压力；另一方面，又会使企业蒙受损失。其实，这些人也能完成工作，只是与公司的要求有一些差距，如果全部淘汰，这显然是行不通的。

后来，本田宗一郎受到鲶鱼故事的启发，决定进行人事方面的改革。他首先从销售部入手，因为销售部经理的观念与公司的发展理念相距太远，而且他的守旧思想已经严重影响了他的下属。必须找一条"鲶鱼"来，尽早打破销售部只会维持现状的沉闷气氛，否则公司的发展将会受到严重影响。经过周密的计划和不断努力，本田宗一郎终于把松和公司销售部副经理、年仅35岁的武太郎挖了过来。武太郎接任本田公司销售部经理后，凭着自己丰富的市场营销经验和过人的才能，以及惊人的毅力和工作热情，受到了销售部全体员工的好评，员工们的工作热情被极大地调动起来，活力大为增强。公司的销售出现了转机，月销售额直线上升，公司在欧美市场的知名度也不断提高。本田宗一郎对武太郎上任以来的工作非常满意，这不仅仅是因为他的工作表现，还因为销售部作为企业的龙头部门带动了其他部门经理人员的工作热情和活力。

本田宗一郎看到了引进"鲶鱼"的好处，从此，本田公司每年都重点从外部聘用一些精干且思维敏捷的生力军，有时甚至聘请常务董事一级的"大鲶鱼"。这样一来，公司上下的"沙丁鱼"都有了触电式的感觉，业绩自然蒸蒸日上。

理念九

市场竞争，重在双赢

理念九
市场竞争，重在双赢

合则双赢，争则俱败

有人说企业的市场竞争和动物法则一样，就是"物竞天择，弱肉强食"。但是，我们也应该看到，市场不是动物世界，一定要弱肉强食；更不是古罗马的斗兽场，一定要拼个你死我活。市场虽然需要竞争，但更需要的是合作。因为只有合作才能带给我们双赢。

双赢，顾名思义，就是双方都获得成功，但是当这个概念引入到市场之中，也可以引申为利益的多面化。对于客户与企业来说，应是客户先赢企业后赢；对于员工与企业来说，应是员工先赢企业后赢。双赢强调的是双方的利益兼顾，即所谓的"赢者不全赢，输者不全输"。事实上，"双赢"模式是中国传统文化中"和合"思想与西方市场竞争理念相结合的产物。在现代企业经营管理中，有人强调"和谐高于一切"，有人提倡"竞争才能生存"，而实践证明，和谐与竞争的统一才是企业经营的最高境界。

有一个善人平生多做善事，死后就上了天堂。到了天堂之后，他就和上帝讨论天堂和地狱的问题。上帝对他说："来吧！我让你看看什么是地狱。"

他们走进一个房间。一群人围着一大锅肉汤，但每个人看上去都是一脸饿相，瘦骨伶仃。他们每个人都有一只可以够到锅里的汤勺，但汤勺的柄比他们的手臂还长，自己没法把汤送进嘴里。所以只能饿着。

"来吧！我再让你看看天堂。"上帝把这个人领到另一个房间。这里的一切和刚才那个房间没什么不同，一锅汤、一群人、一样的长柄汤勺，但大家都心宽体胖，正在快乐地歌唱着幸福。

"为什么？"这个人不解地问，"为什么地狱的人喝不到肉汤，而天堂的人却能喝到？"

上帝微笑着说："很简单，在这儿，他们都会喂别人。"

这是一个流传得很广的故事，故事本身并不复杂，但却蕴涵着深刻的社会哲理和强烈的警示意义。同样的条件、同样的设备，为什么一些人把它变成了天堂而另一些人却经营成了地狱？关键就在于，你是选择共同幸福还是独霸利益。

人世中也是如此，你只有先善待别人，才能得到别人的尊重和友爱。唯有"利他"才能"利己"，这就是事物的客观辩证法。如果只从"利己"出发，就不可能有"利他"，最终也不能"利己"。

我们从小就参加各种比赛、考试，培养了一种你赢我输、你死我活的竞争心态。试想一下，谁又甘心在竞赛中认输呢？树立双赢思维就是要在人际交往中不断寻求互利，以达成双方都满意的结局。懂得利人利己的人，把生活看做一个合作的舞台，而不是角斗场。一般人遇事多用二分法：非强即弱，非胜即败。其实，世界给了每个人足够的立足空间，他人之得并非自己之失。

你必须用双赢的心态去处理你与企业之间的、企业与商家之间的、企业和消费者之间的关系。你不能为了自身的利益去损坏企业的利益。没有大家岂有小家？企业首先是一个利润中心，企业都没有了利益，你也肯定没有利益。同样，我们也不能破坏企业与商家之间的双赢规则，只要某一方失去了利益，必定就会放弃这样的合作。消费者满足自己的需求，而企业实现自己的产品价值，这同样也是一个双赢，任何一方的利益受到损坏都会付出代价。

要学会与对手合作

市场中，今天我是你的竞争对手，说不定今后会是你的合作伙伴。商场上不一定要把问题搞得那么僵，各自后退一步，也许就海阔天空，不战而胜才是最佳之计。市场竞争中不要什么弦都绷得太紧，人要留有余地，要站得高，看得远，在很多情况下，你说是"让利"，实际是共同取得更大的利益，是双赢。

我们都知道沙丁鱼的美味，海洋中的其他肉食动物也同样了解。每一年的特定时期中，印度洋中的沙丁鱼都会按照特定的路线沿岸洄游。而这个时候，也是海洋中肉食鱼类捕食沙丁鱼的最佳时期。在"迁徙"过程中，沙丁鱼数量庞大，但它们非常自觉地排着整齐的队伍，似训练有素的大部队，浩浩荡荡，井然有序地向理想中的家园进发。海豚已经追随它们几天了，只等适合的时机、适合的水域"下手"。

当沙丁鱼从深水区游到浅水区的时候，聪明的海豚将其中的"一股鱼流"截断，使它们从大部队中分流出来，并用超声波"误导"迷路的沙丁鱼群，不让它们回到鱼群中去。但是，即便是海豚们已经成功控制了这一小部分的沙丁鱼群，但是想要吃到它们还为时尚早。因为，海豚不能长期待在水底，必须每隔几分钟浮到水面呼吸一次。尽管海豚"捕猎队"团结一致，分工合作，轮流呼吸，轮流围追，可终究"一心不能二用"。在它们换气轮岗的时候，沙丁鱼不会"坐以待毙"，而是更紧密地簇成一团，抵御海豚的偷袭。这样持续几十个回合后，海豚也会精疲力竭，功亏一篑。就在海豚们有些力不从心的时候，它们的死敌——鲨鱼不期而至。鲨鱼远远地嗅到海豚的气味，快速地朝它们的食物游来，准备进行一场生与死的搏杀。然而，当鲨鱼看到被海豚控制的沙丁鱼，如一个巨大的"鱼肉团"时，立刻自发地游到海水深处，也就是沙丁鱼群的下方，协助海豚合力"围剿"沙丁鱼。转眼间，原本的冤家、死敌，精诚合作，目标一致：鲨鱼队"严守"沙丁鱼往下逃跑的路径，海豚队则分散在沙丁鱼的上方水域，进行包抄、夹击。沙丁鱼无路可逃，晕头转向，茫然无措地簇成一团，徒劳地左冲右突，最终成为海豚和鲨鱼的食物。

这个故事告诉我们，要想得到利益，就要重视与对手的合作。2003 年 10 月底，当时的索尼董事长兼 CEO 出井伸之宣布新的重组计划，除裁员外，将与三星组建生产液晶显示器的合资企业；此前的 8 月底，飞利浦 CEO 柯慈雷也宣布，公司重整旗鼓的举措之一就是加强与竞争对手摩托罗拉合作；再往前，三洋与夏普、日立与西门子、三星与 LG、索尼和爱立信、东芝和三洋、LG 与飞利浦、柯达和乐凯、美国航空公司和汉莎等同行"冤家"之间，都发生了不同程度的战略联合。

"其实，没有两个完全一样的竞争对手，每个企业在某一方面都有自己的长处。"企业战略专栏作家杰夫·乌瑞奥认为，与对手合作就可以获得对方拥有而自己没有的资源，避免重复投资，在市场紧缩的情况下尤其重要。此外，与竞争对手合作可以预防未来潜在的风险。

由此可见，企业的管理者要深谙与对手的合作之道，不过，虽然我们鼓励合作，但作为企业的管理者，首先要根据形势判断与对手合作有没有必要，是否存在自己所需的一些资源，且自己的投资代价是合太大；如果有这样的资源的话，是应当选择并购还是合作；此外还要权衡合作有可能带来的损失，将收益和成本放在一起进行权衡。

其次，要谨慎选择你的合作伙伴。合作伙伴首要是能给企业带来自身不具备的资源；考虑到合作过程中可能存在的风险，合作对象要诚信、声誉好，有长期的发展目标，对市场反应灵活，希望将双方的合作长期发展下去；另外，在合作的领域有相关的经验，知道如何与对手打交道。

最后，要慎重选择和管理合作体系。合作成功是建立在互惠互利基础上的，分享专有技能的同时也要分享成本和风险，要建立相互间的信任；考虑到合作不是永久性的，应尽量避免对合作的过分依靠；在合作对象的竞争力形式发生变化时，合作体系也要相应进行调整；另外，要尽量从合作中多学到一些东西，监控知识反馈系统，保证合作成果能源源不断返回到自己的企业。

战略联盟会让你更加强大

墨西哥有一种蚂蚁把巢筑在刺槐中空的树干中，享用刺槐叶柄部位分泌的富含糖分的汁液。作为回报，蚂蚁则负责刺槐的安全工作，一旦刺槐的敌人——食叶昆虫及其幼虫、草食动物靠近时，盛怒的蚁群就会蜂拥而出，与入侵者作殊死搏斗，直到把它们赶走。除此之外，蚂蚁还可以清除对刺槐造成威胁的寄生植物。当这些植物在刺槐附近生长时，蚂蚁就会毫不客气地上前啃掉它们的藤条和嫩芽。

一提起生物进化，我们脑海中想到的多半都是"物竞天择，适者生存"这八个字。在漫长的进化过程中，唯有战胜对手的幸运儿才能赢得大自然的青睐，拿到参加下一场物种角力的入场券。然而，大自然并不只是沿着单一的路线前行，"合则双赢，争则俱败"，体现互助与合作精神的共生或许是影响历史进程的另一重大因素。

从表面上看，共生关系只是存在于残酷竞争中的权宜之计，是在特定条件下的偶合而已。然而生物学的研究却发现，这种生存战略同样是大自然的选择，是另一条进化道路——共生进化的产物。它提供了共生双方的任何一方不能独自产生的物质，带来了任何一方都不能独自产生的效率。

"小天鹅"与"碧浪"之间就采取了共生策略。它们在许多大专院校开办了"小天鹅洗衣房"。在碧浪包装上写着："推荐一流产品小天鹅洗衣机"字样；而"小天鹅"销售时分发"碧浪"洗衣粉试用。采用共生策略使双方都受益，而且产生相互促进的作用。

1979 年，美国福特汽车公司和日本马自达汽车公司结成战略联盟。据福特公司估计，通过产品开发、采购、供应和其他全球化活动，它每年至少可以节省30 亿美元。

20 世纪 80 年代后期战略联盟开始形成，企业之间在产品开发、科学研究、生产制造、产品销售和售后服务等方面，以相互参股或联合的方式进行合作。这种合作开始时较不稳定，后来趋于稳定，形成长期多方合作。如通用公司持富士重工公司20%的股份；通用公司持铃木公司9.9%的股份；三菱公司持现代公司13%的股份。原美国三大汽车公司开展的USCAR合作计划、欧洲的汽车计划、日本的清洁车计划，都属于战略联盟重组。

总之，与竞争对手结成联盟，可以把竞争对手限定到它的地盘上，避免双方投入大量资金展开两败俱伤的竞争。通过联盟可获得重要的市场情报，使营销领域纵向或横向扩大，使合作者能够进入单方难以渗透的市场，有助于销售的增长。由于许多联盟避免了稀释股权，因而有助于保护股东的权益。一旦战略联盟管理有方，合作双方将比单方自行发展具有更广阔的战略灵活性，最终可以达到双赢。

理念十　比竞争力更重要的是适应力

理念十
比竞争力更重要的是适应力

物竞天择，适者生存

自从百余年前严复翻译了赫胥黎的《天演论》后，"物竞天择，弱肉强食"的社会达尔文主义泛滥于中国社会，商业世界更是这一"公理"的天然演习场。但是，人们常常忘记的是达尔文曾在《物种起源》中说过的另外一段话："存活下来的物种，不是那些最强壮的种群，也不是那些智力最高的种群，而是那些对变化作出最积极反应的物种。"

在辽阔的大草原上，一只狼吃饱以后躺在温暖的阳光下睡着了，这是它的习惯，它每天狩猎之后，都喜欢这样懒洋洋地躺着，感觉很舒服。突然有一天，另外一只狼飞快地跑近它说："起来，赶紧跑吧，狮子来了。"它不以为然，心想狮子来了又能怎样，它难道能将整个草原上的猎物都吃掉吗？于是，它照样躺在那里。

后来，由于狮子的到来，草原上的羚羊跑得更快了，那只躺在地上喜欢睡觉的狼因为抓不到羚羊，很快就饿死了。

这则寓言故事告诉了我们一个很深刻的道理，那就是：物竞天择，适者生存。在平静的大草原上，没有狮子的存在，狼就是草原生命的主宰。但由于狮子的到来，打破了草原的宁静。羚羊以前为了逃避狼的抓捕，只要练习得比狼跑得快就好了。不过，狼还是会想尽办法去抓住它们，总之它不会让自己饿着，不必为自己担心。但是，狮子来了，羚羊为了逃避狮子的抓捕会跑得更快，狼要得到食物就必须提高捕食的技能和狮子竞争才能生存。可那只爱睡觉的狼没有意识到自己的生存已经受到威胁，仍然停留在原来的基础上，不作任何改变。于是，其死亡的结局也就不可避免。

哲学中认为变化是永恒的，静止是相对的。随着社会和时代的变化，无论是我们人类，还是生活在地球上的各种动植物，只有适应外界的环境变化，才是我们得以生存的唯一秘诀。从古到今，没有一个生物不是经过了适应再适应才留下来的，现在有些生物的灭绝，其实并不单纯是人类的原因，而只是他们无法适应环境了。

我们正生活在一个随时都面临着变化、面临着竞争的时代，要想让自己不被时代所淘汰，就要学会竞争、学会适应。我们没有办法改变世界，但是我们可以随着时代的步伐不断地改变自己、充实自己，使自己更快地适应这个社会。面对一个充满竞争的社会，只要你鼓足勇气去竞争、去适应，你就是一个强者，就会生活得更好；反之，你就是时代的落伍者，就会被淘汰。尤其在市场经济体制下，竞争日益激烈，弱肉强食，优胜劣汰是非常残酷的。

每个人都知道，在亚马孙的热带雨林中，不单有茂密的树木，还有奔走跳跃其间的各种野生动物。它们弱肉强食，演绎着"适者生存"的铁则，延续着大自然的平衡。同样，如果把市场比喻成为南美洲亚马孙的热带雨林，那么这个丛林中的竞争更加激烈和残酷，每个人都为了自己的利益殚精竭虑，不择手段。想要在这样的环境中生存下去，你首先要适应这个环境，只有把自己完全地融入到这个环境中，并随着环境的变化而变化，才能谈得上去捕食，去狩猎，去扩张……

以变化应对变化

在美国的加利福尼亚半岛上曾经生活着一种体形巨大的鹰，被生物学家称为美洲鹰。但不幸的是，由于近些年来当地人的大肆捕杀，以及工业文明对生态环境的破坏，这些美洲鹰已经灭绝了。后来，一名专门研究美洲鹰的生物学家竟在南美安第斯山脉的一个岩洞中发现了美洲鹰。这一惊奇的发现让全世界的生物学家对美洲鹰的未来又有了新的希望。

一只成年美洲鹰的两翼自然伸展开后长达三米，体重达 20 千克，由于加利福尼亚半岛上的食物充足，将美洲鹰养成了这样一种巨鸟，它锋利的爪子可以抓住一只小海豹飞上高空。可令人奇怪的是，就是这样一种驰骋在海洋上空的庞然大物，竟然能生活在狭小而拥挤的岩洞里。生物学家在对岩洞的考察中发现，那里布满了奇形怪状的岩石，岩石与岩石之间的空隙仅 0.15 米左右，有的甚至更窄。那些岩石像刀片一样锋利，别说是这么个庞然大物，就是一般的鸟类也很难穿越，那么，美洲鹰究竟是怎样穿越这些小洞的呢？为了揭开谜底，生物学家利用现代科技在岩洞中捕捉到了一只美洲鹰，并用许多树枝将鹰围在中间，然后用铁蒺藜做成一个直径 0.15 米左右的小洞让它飞出来。美洲鹰的速度迅速无比，那名生物学家只能从录像的慢镜头上细看，结果发现它在钻出小洞时，双翅紧紧地贴在肚皮上，双腿却直直地伸到了尾部，与同样伸直的头颈对称起来，就像一截细小而柔软的面粉条，它是用以柔克刚的方式轻松地穿越了蒺藜洞。显然，在长期的岩洞生活中，它们练就了能够缩小自己身体的本领。

在研究中，这名生物学家还发现，每只美洲鹰的身上都结满了大小不一的痂，那些痂也跟岩石一般坚硬。可见，美洲鹰在学习穿越岩洞时也受过很多伤，在一次又一次的疼痛中，它们终于锻炼出了这个特殊的本领。为了生存，美洲鹰只能将自己的身体缩小，来适应狭窄而恶劣的环境，不然便只有灭亡。

古希腊的先贤曾经说过这样一句话："人不可能都生活在自己的意愿之中，只能是生活在环境的适应之中。"千万年来，动物与人类都在为生存而战。如果不想被淘汰，就得像美洲鹰一样，以改变自己的方式，来适应不断变化的生存环境。尽管"缩小"自己的过程会有千难万险，甚至会流血流泪，但只有勇于"缩小"自己，才能扩大生存空间。

无论是对于我们每一个人还是每一个企业来说，变化都是我们的敌人，这个敌人惯用的手段就是凭借着飞速变化的环境来让你不知所措，要想战胜这个敌人你就应该先同它做朋友，然后以变化去应对变化。

作为一名企业的管理者，更应该具备适应变化的能力。世界上最大的影像产品及相关服务的生产和供应商——伊士曼柯达公司的总裁邓凯达在一次访谈中，曾经评述过自己眼中的"领导者四大素质"，其中两项都和"变化"有关：一是"推动变化的能力"，二是"适应变化的能力"。并且邓凯达还强调，自己也是用这样的原则来发现"潜在的领导者"的。

时代在变，市场环境也在变，消费者的需求、消费习惯都在变化，随着这些变化，企业的产品、市场营销策略也都随之改变。这种大背景之下，企业的管理者也应该随之改变，不断地转变自己的观念、更新自己的知识、吸收更先进的理念、提高自己的专业技能，从而更好地适应外界的环境变化。

适应力才是企业最大的竞争力

适应力是一个企业、一个行业发展的重要竞争力，缺少了这个要素，企业很难在商海中生存下去。

随着时代的飞速发展，公司就像人一样，也要认真考虑如何在瞬息万变的时代做到最好。固有的企业运行模式似乎正在渐渐失效。无论是公司还是个人都不得不应对各种变化，其中既有逐渐的变化，也有充满压力的剧烈变化。信息时代的良好发展、显著的技术进步、全球范围内竞争的激烈化、不断加剧的财富再分配……所有这些都使得社会处于高速而动荡的变化中。而在这种变化中，不光是我们每一个人要去顺应时代的变化，作为社会的重要组成部分——企业，更需要适应这种变化。

在现代的企业管理学中，核心竞争力一直都是一个炙手可热的名词。但凡在市场中经历过的，恐怕没有人会否认竞争力的重要性。一个企业，如果没有了竞争力，其结果必然是被市场淘汰。但是，我们也应该看到，市场的变化是无常的，竞争力也没有一个固定的公式。产品质量有保证、团队团结一致、消费者认可度高，这些都是竞争力的组成部分。但有一点是万万不可忽视的——既然市场是变化的，根据市场变化作出正确的判断是非常重要的。这种适应变化的能力就是"适应力"。

适应力是一个企业、一个行业发展的重要竞争力，缺少了这个要素，企业很难在商海中生存下去。如果不能适应市场的变化，那只会被淘汰。即使是地球曾经的霸主恐龙，由于不能适应自然界的变化也只有灭亡。而那些相对来说不值一提的蜥蜴、壁虎之流却因为适应了环境变化而活了下来。

在市场竞争中也是这样，企业的大小并没有太大的区别，只要能够适应市场，小牌子最终能发展成业界巨头。而反之，纵然是现在的大牌子，如果对市场适应不良，也可能被无情地驱逐出市场。

总之，在激烈的市场竞争中，适应力才是企业的最大竞争力。

理念十一

谈判的重要性

理念十一
谈判的重要性

谈判是企业获得利润的最好方法

弗兰克·阿卡夫在他的《怎样与不同的人、在全球不同的地方、就任何事进行谈判》一书中曾经说过这样一句话："生活就是谈判，我们无时无刻不在与人进行着或赢或输的谈判。"

事实上，也的确如弗兰克·阿卡夫所言，谈判这种方式普遍地存在于我们生活的各个方面，虽然我们并不是每时每刻都衣冠楚楚、言辞锋利地端坐在谈判桌旁。但是，无论是我们在家庭中还是在公司中，或者在人来人往的商场里；也不管我们针对一个问题的研究和讨论，或者就一话题进行争论……毋庸置疑，我们都在进行着谈判。虽然形式不同，对象各异，但却有着同样的目的，那就是通过这种方式达成对某一件事双方或多方都认同的结果。

但是，对于身处市场中的企业来说，谈判却有着更为重要的作用，那就是增加利润。对于一个企业来说，增加利润一般有三种方法：增加营业额、降低成本和谈判。

虽然增加营业额是最直接的增加企业利润的方法，但同时它也是最难的。因为在市场竞争日趋激烈的今天，争夺市场份额本身就是一件很难的事情，而且增加营业额往往也会增加费用，比如员工工资、广告费、业务员提成等等。所以可能企业的营业额增加了很多，但扣除费用以后发现，利润却没怎么增加。

对于降低成本来说，一般情况下企业降低成本的空间是有限的，降到一定程度就再也没法降了，而且降低成本还有可能降低产品的品质，反而损害了公司的长远利益。

最后一种方法就是谈判，也是世界范围内公认的增加企业利润的最便捷途径。世界著名谈判大师罗杰·道森曾经说过："谈判是我们获得利润的最好方法。"

企业通过谈判，尽量以低价买进，高价卖出，一买一卖之间，利润就出来了。它是增加利润最有效也是最快的办法，因为谈判争取到的每一分钱都是净利润！比如企业的某产品通常售价是一万元，如果业务员谈判水平提高了，售价提高到一万一千元，则提高的一千元完全是净利润。同样，企业在采购时所节省的每一分钱也都是净利润！

美国通用汽车是世界上最大的汽车公司之一，早期通用汽车曾经起用了一个叫罗培兹的采购部经理，他上任半年，就帮通用汽车增加了20亿美金的净利润。他是如何做到的呢？我们知道，汽车是由许许多多的零部件组成的，而且通用的汽车大都采用的是外购件，罗培兹上任的半年时间里只做一件事，就是把所有的供应配件的厂商请来谈判，他说，我们公司信用这样好，用量这样大，所以我们认为，现在要重新评估价格，如果你们不能给出更好的价格的话，我们打算更换供应的厂商。这样的谈判下来之后，罗培兹在半年的时间里就为通用省下了20亿美金！

企业在市场中的最重要目的就是谋取经济利益，于是，相同领域，或者不同领域但是具有合作关系的两家或几家企业会不可避免地发生一些利益上的冲突。作为企业，既想要维护自己的经济利益，又不想失去合作伙伴和客户，除了凭借法律手段外，就只能通过谈判来解决经济纠纷了。在市场中，大多数的企业为了维持同客户或者合作伙伴的关系，除非万不得已，都会采用商务谈判的方式来解决矛盾。

谈判可以用最低的成本解决企业内部和外部的纠纷，并且使企业内部以及企业和客户、供应商之间形成一种和谐共赢的关系，而不是紧张对抗的局面。

掌控局面，争取双赢

在谈判中，谁控制了谈判的局面，谁就掌握了主动权，谁就容易在谈判中占据有利形势，从中获取更多的利益。在谈判过程中，谈判人员要想获得谈判的主动权，为自己争取更多的利益，就要想办法控制谈判局面，掌握谈判的主动权，从而使谈判的走势朝着有利于自己的方向转化。

在一次贵阳举办的中国国际名酒节上，有一家外省的酒商和贵州的一家酒厂进行谈判。这家贸易公司想要购买 10 吨白酒，但当时名酒节上好酒如云，最后贸易公司挑得眼花缭乱。酒厂的负责人看出对方的犹疑不定，并深知想要赢得这场谈判应该采用一种与众不同的方式来掌控谈判局面。

于是，在谈判的一开始，酒厂方面的负责人就向对方道歉，说："非常对不起，可能你们来得有些晚了，我们酒厂今年的货已经订完了，现在已经开始订明年的了。如果你们真的喜欢我们的产品我可以为你们安排明年早一点的。"

贸易公司的负责人听到这个消息后自然非常震惊，反问道："昨天你们不还在拉客户吗？怎么今天一天就订完了？"

酒厂的负责人笑着说："你们也是知道的，商场如战场，那是我们的一种策略，这里的酒商都知道我们的酒是没有必要在这里拉客户的。前天早上，最后的 10 吨酒刚刚被一名广州的酒商订下。"

此时，酒商有些着急了，恳求道："正是因为你们的酒好，我们才不远千里地慕名而来，您看能不能帮个忙，通融一下，先挪给我们一些？"

厂家这时佯装为难："既然你们有诚意和我们长期合作，我们就和其他的客户商量一下，让他帮个忙，每一家匀一点出来，给你们凑够 10 吨。"

就这样，酒商方面得到了他们想要的酒，而酒厂方面也卖出了产品，皆大欢喜。

酒厂之所以能够赢得这场谈判，就在于他们完全地掌控了谈判的局面，赢得了谈判的主动权。要想掌控好谈判的局面，了解对方的谈判动机是一个非常重要的方法。谈判中，如果不了解对方的谈判动机，可能你只会认为客户的目的就是做一笔划算的买卖。这种认识虽然是基于常理的，但是更多的时候，事实却并非如此。具体来讲，客户在谈判过程中，可能会具有以下几种动机：

最常见的动机就是竞争动机，通常情况下这也是你的客户把谈判看得如此具有挑战性的重要原因。具有竞争动机的客户往往想以最低的价格买到产品，甚至根本不顾你是否赔钱。而作为谈判人员的你，势必又要维护自身以及你所代表的企业的利益，这就导致了在谈判过程中，唇枪舌剑在所难免。这种客户通常认为，双方的目的完全不一样，是没有双赢的可能的。此时，你可以通过了解客户，然后接受那些对他们可能很重要，而对你没什么价值的条款，这样就会让客户产生一种竞争的胜利感，从而顺利签单。

解决问题的动机也是在谈判中经常出现的。通常而言，客户在遇到一些问题的时候急于找到解决办法，愿意冷静地同你商量。这意味着双方互相信任，可以找到双赢的解决办法。在这样的谈判中，双方要开诚布公，努力寻找到一种解决问题的方案或途径。

有时，客户谈判的时候会设下圈套，目的是借此分散你在一些实质问题上的注意力，以便趁你不注意的时候获取一些利益。比如说，他们可能会利用一个虚假的问题做幌子，或者对一个于他们而言无足轻重的问题感到不满，希望以此软化你，并使你在实质问题上作出让步。对此，你应该时刻把客户引导到自己的思路上来，紧紧围绕着实质性问题展开谈判，以避免踏进他们设下的圈套和陷阱。

企业管理者在谈判的时候，适当运用一些有效并容易让客户接受的施压点，既可以达到自己的目的，又可以有效地保护自己。寻找这些施压点非常重要，譬如通过时间来施压。谈判中有一个普遍的规律是80%的让步都是在最后20%的时间内达成的，所以，在谈判时，你永远都不要向对方透露你的最后期限，但却要想尽办法探知对方的最后期限。

世界谈判大师罗杰·道森曾经说过："你获得对方的信息越多，那么你取胜的几率就越大。"因此，谈判人员要想在谈判中控制谈判局面，就要重视收集对方的信息，对对方的了解要多于他们对自己的了解，只有这样才有可能探知对方的底牌，即便是你仅仅只得到了很少的重要信息，你也可以装作对他们的底线了如指掌，然后逼迫他们作出妥协。

在谈判中，时刻准备离开的施压点是最为有力的。这样，你就向你的谈判对手传达了这样一个信息：如果你得不到你想要的东西你就终止。

谈判学大师克尔德·简森在他的《谈判的艺术》一书中这样说道："如果说有什么能让你的谈判艺术提高10倍，那就是：该离开的时候就离开。"如果你懂得了这一点，你就成了谈判高手。但是，你要确保在你威胁离开之前，你已经激起了对方强烈的成交欲望。威胁离开的目的是得到你想得到的东西，其实离开本身并不是目的。

现代谈判学中认为，谈判只有两种可能的结果：双赢和双输。这种说法颠覆了传统的谈判学中认为的有人赢，就有人输的结论。因为无论是对方还是己方，都不想自己的利益受到损害。而双赢谈判的结果是互相尊重，密切彼此的关系和对对方更加忠诚。

不过，虽然是这么个理论，但是在谈判中你会发现很难达到这样的目标。因为，对于客户和谈判人员而言，他们的目标都是一样的，只是所处的位置不同。一个想要用最少的钱买最好最多的东西，一个想将自己的产品尽可能卖到更多的钱。这样的情况下，似乎无论如何都不可能达到一个双赢的结果。

事实上，在谈判过程中谈判双方经常为那些对双方都很重要的利益争执不下，这反映了人们通常的观念：一方获得多一些，必然要求另一方获得少一些。在现实生活中也是这样，毕竟能够各取所需的例子太少见了。其实，双赢更为侧重的是一种精神上的感觉。例如，当你在谈判的过程中，在允许的范围内作出让步，而你的客户也达到了他们的预期目的，这样就是皆大欢喜的双赢结局。

理念十二

责任胜于能力

理念十二
责任胜于能力

责任：对使命的忠诚与信守

很多人都希望获得成功，于是他们对那些在各个领域中的杰出人士都充满了想要一窥其成功秘诀的渴望。那么究竟是什么使得那些人士取得了成功，或者说在他们成功的旅途中，什么在起着重要的作用？可能你认为是兴趣或者是狂热的爱好，但事实上却截然相反。

美国著名的心理学家弗洛里克曾经做过这样一个问卷调查，他在全世界的范围内挑选了 100 名各个领域中的杰出人士，询问他们为什么会从事现在的职业，并是否对现在的职业满意。结果让他十分惊讶——其中 61 名杰出人士承认，他们所从事的职业，并不是他们内心最喜欢的，至少不是他们心目中最理想的。

这些杰出人士竟然在自己并非喜欢的领域里取得了那样辉煌的业绩，除了聪颖和勤奋之外，究竟靠的是什么呢？

带着这样的疑问，弗洛里克又走访了多位商界英才。其中纽约证券公司的金领丽人苏珊的经历，为他寻找到满意的答案提供了有益的启示。

苏珊出身于中国台北的一个音乐世家，从小就受到了很好的音乐启蒙教育，并且非常喜欢音乐，期望自己的一生能够驰骋在音乐的广阔天地中，但她阴差阳错地考进了大学的工商管理系。一向认真的她，尽管不喜欢这一专业，可还是学得格外刻苦，每学期各科成绩均是优异。毕业时被保送到美国麻省理工学院，攻读当时许多学生可望而不可即的 MBA，后来，她又以优异的成绩拿到了经济管理专业的博士学位。

如今她已是美国证券业界的风云人物了，在被调查时她依然心存遗憾地说："老实说，至今为止，我仍不喜欢自己所从事的工作。如果能够让我重新选择，我会毫不犹豫地选择音乐。但我知道那只能是一个美好的'假如'了，我只能把手头的工作做好……"

弗洛里克博士直截了当地问她："既然你不喜欢你的专业，为何你学得那么棒？既然不喜欢眼下的工作，为何你又做得那么优秀？"

苏珊的眼里闪着自信，十分明确地回答："因为我在那个位置上，那里有我应尽的职责，我必须认真对待。""不管喜欢不喜欢，那都是我自己必须面对的，都没有理由草草应付，都必须尽心尽力，尽职尽责，那不仅是对工作负责，也是对自己负责。"

就像苏珊说的那样——因为我在那个位置上，那里有我应尽的职责。这种责任在她的生命中已经成为了一种对使命的忠诚与信守。爱默生说："责任具有至高无上的价值，它是一种伟大的品格，在所有价值中它处于最高的位置。"科尔顿说："人生中只有一种追求，一种至高无上的追求——就是对责任的追求。"

衡量一个人品质高低的一个重要参考标准就是其是否具有良好的责任感。而无数的事实证明，只有那些勇于承担责任的人才更加受到人们的信任，才可能被赋予更多的使命，才有资格获得更大的荣誉。从本质上来说，责任是一种与生俱来的使命，它伴随着每一个生命的始终。一个缺乏责任感的人，或者不负责任的人，将会失去在社会中存在的价值，因为他们失去了别人的信任。

作为一名企业的管理者，你更应该明白自己肩负的使命与责任，经营一家企业并非是单纯地为了获得经济利益，你要对自己的理想和希望，对你的员工，对整个社会都负有一定的责任。你只有清醒地意识到自己的责任，并勇敢地扛起它，无论对于自己还是对于社会才将是问心无愧的。人可以不伟大，人也可以清贫，但不可以没有责任感。任何时候，我们都不能放弃肩上的责任，扛着它，就是扛着自己生命的信念。

责任比能力更重要

张翰是一家化妆品公司的老板，年初的时候他花重金聘请了一位叫孙晓的副总裁，这位副总裁在业界声名显赫，不仅毕业于名牌大学的商学院，而且之前曾经在三家企业担任过高层主管，并擅长资本运作，曾经在几年前带领一个五人的团队，用三年时间将一个十几人的小企业打造成为员工上千人、年营业额过亿的大企业。但是从年初到现在，几乎已经过去了将近一年的时间，他却几乎没有创造任何价值。

这样出色的人才，怎么会创造不了价值呢？张翰对此困惑不解，于是他去咨询一名人力资源方面的专家。

"你信任他吗？"咨询师问他。

"在个人能力方面，我是绝对信任他的。"张翰肯定地说。

"你了解他具备哪些能力吗？"

"当然了解，在请他来之前，我是非常慎重的。我请专业猎头公司对他进行了全面的能力测试，测试结果令我非常满意。"张翰说。

确实，张翰对孙晓的能力是非常了解和倚重的，但是作为一名高层主管，孙晓所需要的，绝不仅仅是薪水，单靠薪水，是难以建立起他这种综合能力很高的人才的责任感的。

后来经过深入的沟通，那位咨询师发现，孙晓是一个勇于接受挑战的人，工作的难度越大，越能激起他奋斗的欲望，他随时都有一种准备冲锋陷阵的冲动。应该说，这样的人才是企业的宝贵财富。但是因为什么使孙晓变得如此碌碌无为呢？

原来，孙晓的上司张翰有两个致命的弱点：一是对所用之人难以放心，害怕能人挖公司的墙脚；二是喜欢亲力亲为，经常越位指挥，在很多事情上，使孙晓感觉自己的职位形同虚设。而实际上，孙晓最需要的是自我价值的实现，以业绩来证明自己，就是他人生最大的快乐。

找到问题的答案之后，咨询师把张翰和孙晓请到一起，共同分析公司授权和指挥系统方面的问题，明确了作为董事长兼总裁的张翰的职权范围和作为副总裁的孙晓的职权范围，共同制定了公司的授权制度，以及组织的指挥原则。通过他们的共同努力，情形发生了很大的变化。孙晓几乎变了一个人，他做出了很多成绩，而且，张翰和他已经成了不可分离的亲密战友。

从这个故事中我们能够看出，一个员工的能力无论多么出色，如果他不心甘情愿地为企业付出，那么他就不能为企业创造价值。孙晓的转变，使他自身出众的才能得以充分发挥。而促使他转变的关键因素，则是重新唤起的他对公司的责任感。实际上，孙晓本人是极富责任感的，当然，他的能力也是一流的，但他在张翰的公司里起初的无所作为和以后的成功表现证明了责任胜于能力。

事实证明，一个愿意为企业全身心付出的员工所贡献的价值是难以估量的，即使能力稍逊一筹，也能够创造出最大的价值来。这就是我们常常说的"用 B 级人才办 A 级事情""用 A 级人才却办不成 B 级事情"。

作为一个企业的管理者，你应该清楚，一名员工是不是人才固然很关键，但最关键的还在于这个人才是不是一个对企业真正负责任的员工。当然，责任胜于能力，并不是对能力的否定。一个只有责任感而无能力的人，是无用之人。而责任则需要用业绩来证明，业绩是靠能力去创造的。对一个企业来说，员工的能力和责任都是动态的。

无论是企业还是个人，只要生存在这个社会中，就应该负有自己的责任。对于企业的员工而言，"责任"是最基本的职业精神和商业精神，它可以让一个人在所有的员工中脱颖而出。几乎每一个优秀企业都非常强调责任的力量，责任胜于能力，没有做不好的工作，只有不负责任的人。责任承载着能力，一个充满责任感的人才有机会充分展现自己的能力。

理念十三

诚信是永远的法则

理念十三
诚信是永远的法则

诚信是为人之本，更是立业之基

"未学经商，先学做人"，这是华人首富李嘉诚常说的一句话。事实上也的确如此，如果一个人连人都做不好，即便是经商也不会是一个好商人。当然，好商人的标准并不是仅仅靠能不能赚钱来衡量的，市场中的那些无良的黑心商人依靠各种手段昧着良心牟取暴利，虽然在短期之内能够积聚起大量的财富，但是最终等待他们的只有法律的制裁和人们的唾弃。

《论语》中有这样一句话："人而无信，不知其可也。"说的是一个人生活在群体中，与人相处，得到别人的信任十分重要。还有一句话是"民无信不立"，说的是如果一个人连诚信都不具备，那么他就很难在这个社会中生存。古代君王为了获得人民的支持和拥护，必须遵守自己为民造福的诺言，否则一旦失信于天下，就会丢掉自己的江山，遗恨千古。

一个顾客走进一家汽车维修店，自称是某运输公司的汽车司机。"在我的账单上多写点零件，我回公司报销后，有你一份好处。"他对店主说。但店主拒绝了这样的要求。顾客纠缠说："我的生意不算小，会常来的，你肯定能赚很多钱！"店主告诉他，这事无论如何也不会做。顾客气急败坏地嚷道："谁都会这么干的，我看你是太傻了。"店主火了，他要那个顾客马上离开，到别处谈这种生意去，这时顾客露出微笑并满怀敬意地握住店主的手："我就是那家运输公司的老板，我一直在寻找一个固定的、信得过的维修店，你还让我到哪里去谈这笔生意呢？"

清道光年间的黔商胡荣命在江西经商 50 余年，由于他以诚待人、童叟无欺，名声大噪，晚年罢业回乡，有人要求"以重金赁其肆名"，他一口回绝，并说："彼果诚实，何藉吾名也！"可见，"诚信为本"是中国商人的传统美德。

商家追逐利益，古来如此，也无可厚非。但若是因为逐利而放弃诚信那就势必会导致商家信誉全失，最后一败涂地。以诚为本，不分古时还是现代，也无论为人处世还是经商从官，都是最根本的原则之一。

诚信是我国传统道德中最重要的规范之一，是社会主义市场经济条件下，企业在从事生产、经营、管理活动中，处理各种关系的基本准则。诚的基本含义包括：诚心、诚实、诚恳。信的基本含义包括：信用，即企业经营者必须言行一致，说到做到；信誉，即企业必须把信誉放在首位，以信誉赢得商誉；信守，即企业应自觉遵守国家法律，依法经营，按合同办事。

作为企业的领导者更要具备诚实守信的良好品质，因为一个领导人要在组织内部树立自己的权威和领导地位，必须一言九鼎，言而有信，只有这样才能保证自己的决策和计划被有效、彻底地执行。

无诚则有失，无信则招祸

企业是社会的重要组成部分，也是社会发展的重要推动力。企业的营销活动是企业经营的重要途径，也是其向社会展示自身的重要方法。企业从事营销活动，销售的不仅是产品，更主要的是企业本身。因而营销活动的方式、手段、内容被看做是企业的"代言人"。如果企业在营销活动中采用各种假冒伪劣商品或其他欺诈方式，除消费者不接受产品外，企业也会名誉扫地，而如果企业在消费者心中的形象受到损害，想要东山再起则困难重重。

早年，喜马拉雅山南麓很少有外国人涉足。后来，许多日本人到这里观光旅游，据说这是源于一位少年的诚信。一天，几位日本摄影师请当地一位少年代买啤酒，这位少年为之跑了3个多小时。第二天，那个少年又自告奋勇地再替他们买啤酒。这次摄影师们给了他很多钱，但直到第三天下午那个少年还没回来。于是，摄影师们议论纷纷，都认为那个少年把钱骗走了。第三天夜里，那个少年却敲开了摄影师的门。原来，开始时他只购得4瓶啤酒，后来，他又翻了一座山，蹚过一条河才购得另外6瓶，返回时摔坏了3瓶。他哭着拿着碎玻璃片，向摄影师交回零钱，在场的人无不动容。

"无诚则有失，无信则招祸。"那些践踏诚信的人也许能得利于一时，但终将作茧自缚，自食其果；那些制假售假者，或专靠欺蒙诈骗者，则往往在得手一两次后，便会陷入绝境，导致人财两空，有些甚至锒铛入狱。

作为企业的管理者，你应该明白，在现代经济社会，即使一个企业拥有雄厚的资本实力和现代化的机器设备，有誉满全球的品牌优势，建立了很好的采购和销售网络，并且有一支高素质的员工队伍和高学历的管理者队伍，但如果它在财务报表、在商品、在服务上作假，欺骗客户和投资者，丢掉了信用资本，就没有银行愿意给它贷款，企业的股票、债券和商品就没有人买，合作者和客户没有了，所有物力资本和人力资本就失去了意义，企业必然会陷入困境，并最终走向灭亡。

因此，诚信确确实实是做人、立业之本。我们每个人都有义务从自身做起，恪守诚信，让诚信成为我们为人做事的准则；只有这样，我们的生活才能绚丽多彩，我们的社会才能不断进步。

千万不要丢弃你的珍宝

有位哲人曾说过，人的境界可以分为五种，追求真善美乃是最高的境界。这其中的"真"，便是"诚信"。在"健康"、"美丽"、"诚信"、"机敏"、"才学"、"金钱"、"荣誉"这七个人生背囊中，我们可以丢弃"美丽"而粗陋，可以丢弃"金钱"而贫穷，也可以丢弃"荣誉"而平凡，但切不可丢弃"诚信"而欺诈。

诚信是无形之财，信誉是无价之宝。诚信能为产品带来市场，为企业带来顾客，为顾客带来信心。利益上的损失是可以再次赚回来的；而信誉上的缺失，却是难以弥补的。随着市场经济的飞速发展，诚信也被提到了一个更加重要的地位，以信誉来招徕顾客成为国际上众多大企业所普遍采取的一种经营之道。

16 世纪末，有一个名叫巴伦支的荷兰人，他是一名商人也是一个船长。为了避开激烈的海上贸易竞争，他带领 17 名船员出航，试图从荷兰往北开辟一条新的到达亚洲的航行路线。他们到了三文雅——现在属于俄罗斯的一个岛屿，地处北极圈之内。

就在一天清晨，他们突然发现自己的船航行在海面的浮冰里，这时他们才意识到被冰封的危险迫在眉睫。然而为时已晚，在付出了巨大的努力之后，他们还是无法驶出这片被冰封的海域，于是他们不得不放弃返航的努力，把船停泊在岛屿旁边。

迎接他们的是随后而来的各种恶劣天气。北极圈是地球上最寒冷的区域之一，一年只有很少的几个月天气暖和，冬季漫长而寒冷，没有任何山脉阻挡可怕的狂风。没有人类生存的三文雅岛上常年覆盖着 3 米厚的雪，厚厚的积雪被零下40℃~零下50℃的严寒冻结，变得像花岗岩一样坚硬。巴伦支船长和 17 名荷兰水手只能在这孤立无援的条件下度过 8 个月的漫长冬季。他们拆掉了船上的甲板做燃料，以便在极度严寒中保持体温，靠打猎来取得勉强维持生存的衣服和食物，苦苦地等待着冰雪消融。在这样恶劣的险境中，8 个人死去了。但巴伦支船长和 17 名荷兰水手却做了一件令人难以想象的事情，他们丝毫未动别人委托给他们的货物，而这些货物中就有可以挽救他们生命的衣物和药品。

冬去春来，幸存的巴伦支船长和 9 名荷兰水手终于把货物完好无损地带回了荷兰，送到委托人手中。在当时，巴伦支船长和船员们的做法震动了整个欧洲，也给整个荷兰带来了显而易见的好处，那就是赢得了海运贸易的世界市场。

毫无疑问，荷兰的崛起，很大程度上源自于巴伦支船长和17名荷兰水手用生命作代价，守望信念，为荷兰商人创造了传之后世的经商法则：诚信比生命更重要。

无论是什么企业都有着自己的产品，区别只是产品形式的不同。有的是实体的产品，有的则是虚拟的产品，例如提供的服务、信息、创意等。企业的产品是将顾客同企业联系起来的重要桥梁。顾客的多少是对企业成功与否的最好评价，如何既保住老顾客又不断吸引新顾客，最简便、最切合实际的方式就是在市场活动中讲究诚信，因为诚信是服务质量的重要保证。如果企业通过诚信的行为与顾客建立起信任关系，就可以提高顾客感觉中的服务质量。如果企业在市场活动中进行夸大不实的宣传或隐瞒对顾客不利的信息，就会使顾客形成错误的和不切合实际的期望。当企业无法一一兑现其对服务的描述和承诺时，顾客感觉中的整体服务质量就会比较差，也就没有信心再次购买企业的服务了。因此，诚信可以为企业创造更多的顾客，从而为企业带来更多的财富。

诚信是一种巨大的力量，诚信是一种现实需要，诚信更是一种珍贵的资源。企业家要想将自己的事业做大，就应该以诚信为本，将诚信摆在利润的前面，把信用视为企业经营的底线，要用信誉去占领市场。

理念十四　　谦虚是管理者的美德

理念十四
谦虚是管理者的美德

你应该做一只空杯子

南隐是日本明治时代著名的禅师。有一天，一位大学教授特地来向南隐问禅，南隐以茶水招待，他将茶水注入这个访客的杯中，杯满之后他还继续注入，这位教授眼睁睁地看着茶水不停地溢出杯外，直到再也不能沉默下去了，终于说道："已经满出来了，不要倒了。""你的心就像这只杯子一样，里面装满了你自己的看法和主张，你不先把你自己的杯子倒空，叫我如何对你说禅？"南隐意味深长地说。

实际上，南隐禅师教导的"把自己的杯子倒空"，不仅是佛学的禅义，也是人生的至理名言，对于管理者而言同样受用不尽。心太满，什么东西都进不去；心不满，才能有足够的装填空间。"满招损，谦受益"更是一句值得管理者深思的净言。因为，在这个瞬息万变的社会，随时需要知识、资讯，不断吸取养分，所以管理者的心一定要"空"，也就是"虚怀若谷"。让管理者自己的胸怀像山谷那样空阔深广，这样才能吸收无尽的知识资源，容纳各种有益的意见，从而使自己丰富起来。

这个故事说的就是心理学中著名的"空杯心态"。空杯心态的比喻告诉我们如果想要学到更多的学问，就要把自己想象成"一只空的杯子"，因为只有空的杯子才能装进东西，而骄傲自满永远都是你前进的绊脚石。

实际上，空杯心态说的不仅仅是一种心态，更是一种谦虚的品德。

谦虚是中华民族的传统美德，企业的管理者更应该具备这种美德。

要想成为一名出色的企业管理者，首先应该"做一只空杯子"。

当然，真正的谦虚不是一味地否定自己，也不是一味地赞美别人，而是对自我有合理清醒的认识。有着充分自信的人才能这样谦虚，才能够客观地看到自己的缺点，对自己的优点也不会盲目夸大。当这种思想和作风成为一个企业的文化中不可缺少的一个方面时，这个企业才能获得真正长远的发展。

作为一名管理者，你应该知道，谦虚平和的态度也是一种力量，有时候，柔软可能比强硬更能收服人心。无论多么优秀的领导者，他所作的决策都是要员工来执行的，当今的市场中，单枪匹马是不可能成功的，只有借助于团队的力量才能获得成功。因此，身为管理者，应该谦虚地对待下属，并且想办法把功劳归于下属。

管理者应该注重对下属的赞扬，赢得下属的尊敬和拥护。同是一件事，完成之后，管理者采用不同的说法，其产生的效果会迥然不同。如果用 10 分制来打分，说"我完成了这件事"，只能打到 3 分，说"我们完成了这件事"则可打到 6 分，但是如果说"是某人带领部门全体人员完成了这件事"就可以打到 10 分了。管理者应该知道，谦虚会为你的形象增光添彩。分享成果并不会降低你的成绩，相反你会得到更多，因为对一位只会把功劳占为己有的管理者来说，无论是合伙人还是下属都会觉得厌恶。如果在成果面前，管理者每次把"我"换成"我们"或"你们大家"，就会赢得下属的尊敬和拥戴，因为他把功劳有意地都归于下属。而这种投资坚持下来，会使管理者本身受益匪浅，也会使管理者更加充满人格魅力。

谦虚是通往卓越的必经之路

美国当代最杰出的管理学家柯林斯曾经在他的管理学著作《从优秀到卓越》一书提出过这样一个观点——优秀是卓越的大敌。这句话十分耐人寻味。众所周知，从优秀往前面走一点，就到卓越了。应该说优秀是卓越的基础才对，为什么他偏偏会提出这样的观点来呢？

实际上，当我们带着这句话回到我们的生活中，我们会发现事实真的是这样的。

某公司中曾经有一位非常杰出的副总，一直都是公司老板的左膀右臂。他在公司属于元老级人物，当年跟随老板一起创业，立下过汗马功劳。老板非常器重他，同时为了感谢他，不仅给他的年薪超过百万，而且许多方面都给了他自由发挥的空间。

开始时，这位副总表现得还不错，但很快，他就越来越随心所欲。开会的时候，他总是找各种借口不出席，交给他的事情也是敷衍了事，差错不断。而最让这位老总难以忍受的是：这位副总居然自己偷偷在外面办起了工厂，干起了"私活"。尽管这些老板都看在眼里，但考虑到企业正处于迅速发展时期，正是急需用人的时候，所以还是忍了下来，并多次找这位副总谈心，希望大家能够齐心协力，但效果都不大。

后来这位副总的表现越来越让老板寒心，于是最终无奈地辞退了他。后来那位副总全身心投入到了自己办的工厂中，但很快就发现，自己做其实有很多困难，并不是像想的那么简单。很快，工厂就因为销售渠道没打开而陷入了停产。不久后，他给老板打了个电话，委婉地表达了自己想再回公司的意愿。但谁都知道这已经不可能了。

不可否认，优秀、有能力的人是应该受到尊重和器重的。但是，由于自己优秀就开始觉得自己了不起，越来越听不进别人的意见、越来越不尊重领导和单位的规章制度，却是职场的大忌。而有些人，当感觉自己优秀之后，往往不仅个性上骄傲自满，而且私欲开始膨胀。这样走下去，最终往往是搬起石头砸了自己的脚。

其实，优秀本身并没有错，错的是对自己优秀的崇拜。一味崇拜自己的优秀，不仅无法卓越，而且最终还会葬送自己的优秀！

如果你想要达到卓越，你就应该注意自己是不是因为优秀而开始自满了，是不是因为有了一些成绩就开始骄傲了，是不是因为得到了赞誉和夸奖就开始听不进去别人的建议了。你是不是会这样想："我真是太棒了！""我真是太了不起了！"或者"这么难的事，谁都办不到，就我能办到，公司怎么能离开我！"……当你这样想时，就是对自己的优秀进行膜拜了。而这种膜拜一产生，就是滑向落后、走向失败的开始。固守今天的优秀，必会导致明天的落后。只有学会谦虚，将优秀"倒空"，你才能轻装前进，吸取更多的能量，迎来更大的飞跃。

其实想要卓越并不难，关键是看你有多么谦虚。

有着"推销之神"之称的原一平对谦虚二字有着深刻的了解，他曾经对人说："一个人想要变得优秀不容易，一个优秀的人想要变得更加优秀则难上加难，而这两者中起着决定性因素的就是——谦虚。"

原一平是一个推销高手，刚刚从事保险推销的时候，他的业绩就一直在同事中名列前茅，再难缠的客户，只要他出马几个回合就能够解决。同事们都崇拜他，领导也都看好他。在成绩和赞扬面前，他有点飘飘然了，觉得自己简直是一个天才，可以把任何东西卖给任何人。

当一个人骄傲自满的时候，就会让别人觉得厌烦。原一平也是这样，无论是和朋友还是和同事在一起的时候，他都表现得非常高傲。终于有一天，一位好友忍不住对他说："你不是觉得自己很了不起吗？如果你能把保险卖给庙中的和尚，你才是真正的了不起。"

原一平没有看出朋友的不满，反而认为凭着自己的口才和推销经验，一定能做到。于是他真的到庙中去向和尚推销保险。进到庙里，他看到一个非常和善的老和尚在扫地，便拉住他，施展浑身解数，滔滔不绝地推销起保险来。老和尚始终笑眯眯地听着他推销，还不时点点头，原一平心想，看样子推销肯定能成功。可正当他高兴时，老和尚却说了这样一句话："人呢，最好是第一次见面就有一种让人记得住的东西，否则，一生不会有什么成就。"

这句话就像当头一棒，将原一平良好的自我感觉打了个粉碎！要知道，之前，他可是一直以自己很有吸引力而感到自豪的，谁知道在老和尚眼里，他最大的缺点竟是不能吸引人！但这句话也像一盆冷水，让他那颗骄傲自大的心冷静了下来。他终于开始意识到，骄傲和自满已经让自己看不到了自己的不足。他想到了一个改变自己的办法，那就是花钱请客户来给自己开"原一平批评会"，恳请大家对他的缺点加以指正。这样的批评会，一直坚持了很多年。有时他手头不宽裕，但即使借钱，他也要保证"原一平批评会"准时进行。正是这些宝贵意见，指出了他成长中的盲点，让他能够清楚地认识自己，不断地完善和提升，最终成为了全世界都赫赫有名的"推销之神"。

纵观古今中外的无数杰出人物，你会发现谦虚是他们必备的品德之一。如果你想成为一名卓越的企业家，那么谦虚是通往卓越的必经之路。

谦虚使人进步，骄傲使人落后。一个人怀有谦虚的态度，才能够吸收新知识，然后自然会有进步。

谦虚是一种美德，也是一种修养。谦虚者可以包容别人、善待别人，学习和吸取别人有益的经验和知识，从而提高自己，避免浅薄无知。常怀谦虚之心，会多一分清醒，少一分陶醉；常怀谦虚之心，会多一分合作，少一分孤立；常怀谦虚之心，会多一分警惕，少一分危险。

理念十五

管好你的时间

理念十五
管好你的时间

浪费时间 = 扼杀生命

一个身处于弥留之际的病人迎来了他生命中的最后一分钟，死神如期来到了他的身边。他很留恋生的日子，于是对死神说："再给我一分钟好吗？"

死神反问："你要一分钟干什么？"

他说："我想利用这一分钟看一看天，看一看地。我想利用这一分钟想一想我的亲人和我的朋友。如果运气好的话，我还可以看到一朵绽开的花。"

死神冷冷地笑，"你的想法不错，但我不能答应。此前我已经留给你足够的时间，你却没有像现在这样去珍惜，在你 60 多年的生命中，你有三分之一的时间在睡觉；剩下的 40 多年里你经常拖延时间。我把你的时间明细罗列如下：做事拖延的时间从青年到老年共耗去了 36500 个小时，折合大约 1520 天。做事经常半途而废，并不断重复做过的事情，浪费了大约 300 多天。因为无所事事，你经常发呆，经常埋怨、责怪别人，找借口、找理由、推卸责任；你利用工作时间和同事闲聊，把工作丢到一旁毫无顾忌；工作时间呼呼大睡；你参加了无数次不用心、懒散昏睡的会议，这使你睡眠的时间远远超出了 20 年；你也组织了许多类似的无聊会议，使更多的人和你一样睡眠超标；还有……"

说到这里，这个危重病人就断了气。死神叹了口气说："如果你活着的时候能节约一分钟的话，你就能听完我给你记下的账单了。"

时间对每一个人都是公平的。一天 24 个小时，一年 365 天，对世界上的每一个人都是如此，它不会因为你是皇帝而多给你一天，也不会因为你是乞丐而少给你一秒。但是为什么在相同的时间中，有的人功成名就，而有的人却碌碌无为呢？你可能会说一个人的成功与否包含很多因素，但即便这样，你仍然不能否认时间管理在其中的重要作用。比如，在这个世界上你能看到很多家庭背景相似的两个人在人生的道路上却出现天差地别的结果。抛开出身背景等因素不谈，对于时间的利用效率绝对是一个重要的原因。

你知道你这一生中一共有多少时间吗？有统计学家曾经这样计算过，按照现在人的平均寿命 74 岁来算，如果你刚出生，那么你还有 27030 天的寿命，但等你大学毕业开始工作的时候，你已经花掉了 20 多年的时间。然后，当你 50 多岁的时候，你又要面临着退休。这样算来，你的工作时间最多也就是 30 多年。再扣除生病、休假、休息等所有的时间，最多能剩下 8000 天就不错了。

而在这仅剩的 8000 天的时间中，又有多少人能够充分地利用呢？就像故事中的那个临死的人一样，在日常生活和工作中的拖延，使仅余的时间也不断地被浪费，如果你放任这种习惯继续下去，最终将一事无成。

学会节约时间

时间对于一个人来说不偏不倚，并不会多给谁也不会少给谁。成功者不是依靠延长工作时间来赢得成功的，而是靠合理地安排时间、管理时间。他们通常不会浪费时间在那些不必要的事情上。

世界"推销之神"原一平就是一个非常善于节省时间的人。谈到节约时间的方法，最有效也最根本的是把事情按照优先顺序列表，先做那些重要的事情，再做那些次要的，不必要的事情就不做。这里有一条重要的原则就是：做正确的事，而不多做事。

如果你对节约时间的技巧还有些疑问的话，原一平的方式可能会给你一些启发。比如说，原一平随时把一张记有 20 个最佳客户的名单带在身上，在偶尔的空闲时间中同其中的一位或几位加强联系。每天晚上，原一平都为第二天的工作写一份工作清单，在那份清单中，从上到下按照事情的紧急和重要程度来排列。在进行集中推销之前，原一平要作一个周密的计划，将那些有关联性的客户按照顺序安排，从而节省了分散拜访的时间。

善于利用闲暇时间也是节约时间的一种常用方法。

一位公共关系主管告诉与会学员，他在电话的旁边放了一叠阅读资料，每次等对方接电话的时候便可以翻阅。一位必须在机场花很多时间的营销人员说："每次在下飞机去领行李的路上，我就停下来打公用电话，等我打完电话的时候，行李也已经出来了。我利用任何时间，绝不会浪费时间。"

乔治自己开了一家顾问公司，一年接下约 130 个案子。他长年旅行各地，大多数的时间都是在飞机上度过的。乔治相信与他的顾客维持良好的关系是他公司能够健康发展的重要因素，所以他经常利用在飞机上的时间写短笺给他们。他说："这已经成为了我的一种习惯，但这样做确实节省了很多我同客户联系的时间。"曾经有一位同机的旅客在等候行李的时候和他攀谈，她说："我在飞机上一直都在注意你，在两个小时之内，你一直在写短笺，我敢说你的老板一定以你为荣。"乔治笑着回答："我就是老板。"

不管你做事多么有效率，总有人会让你等待，这在你的工作中简直是不可避免的。同时在每一天的事情中，你可能会错过公车、地铁、航班，碰上意外的中途休息；你也许已经尽可能谨慎地计划每一件事，但是你仍然可能意外地被困在机场，平白地要耗费三个小时的时间。而一名善于管理时间的管理者在这样的情况下可能会从包里面掏出一本书来看，或者认真地推敲将要签订的合同的某项条款，也可能打几个电话来同客户进行沟通。反正，他们绝对不会将这段时间用来发呆或者闲逛。

你也许坐公交车或地铁上班。很多人都说他们最喜欢上班路途所花的时间。

有些人在这段时间中同认识的人闲谈，有的人却利用这段时间看书、写东西，或者是为了报告整理思路。很明显，后者就是在妥善地利用时间。如果你自己驾车上班，那么还是聚精会神地注意你前方的路况为妙。

节约时间是管理者对时间进行管理的一个重要内容。如果你能够节约时间，你会发现，虽然时间之神并没有赋予你更多的时间，但你却能找到更多的时间去做那些你喜欢的事情。

好的计划有助于你合理安排时间

世界上很多杰出的管理大师都认同一句话，那就是："在计划上多花一分钟，在执行上就可以节省十分钟。"这句话同样适用于时间管理，因为事前良好的计划，加上养成按计划执行的习惯，通常可以在最短的时间内完成目标。所以，计划是时间管理最重要的工具。

美国作家艾伦拉肯曾经说过这样的话："计划就是把未来拉到现在，所以你可以在现在做一些事来准备未来。"当你决定了你的人生方向之后，接下来就必须回到现实中来，而计划就是连接目前与未来，现状与目标之间的桥梁，有了计划你才知道要花多久的时间来完成目标。因此想要成为一名杰出的管理者，必须养成事前计划的习惯。

如果，这还不能让你看到计划的重要性，那么我们来看下面的故事。

故事发生在 19 世纪初期，其中的两位主人公，一位是备受尊重的效率专家艾维，另一位是伯利恒钢铁公司的总裁查尔斯·希瓦勃。当时的伯利恒钢铁公司规模还很小，总裁查尔斯·希瓦勃一直为如何提高公司的效率而苦苦思索。有一天，艾维来到伯利恒钢铁公司，在了解了大致情况后，他对查尔斯·希瓦勃说：

"如果你允许我和你的每一位部下谈上 15 分钟，我就能提高你公司的效率和销售额。"

"那么我需要支付给你多少酬劳?"查尔斯·希瓦勃直截了当地说。

艾维的回答再一次出乎查尔斯·希瓦勃的意料,他告诉查尔斯·希瓦勃,现在不需要付给他任何酬劳,只要在三个月后来认可这个建议的价值并付给他相应的报酬即可。

于是查尔斯·希瓦勃决定让艾维试一试。

三个月后,伯利恒钢铁公司的效率和销售额果然如艾维所说的那样都提高了,兴奋之余的查尔斯·希瓦勃当即给艾维汇去了一张3.5万美元的支票,作为对他的答谢。那时的3.5万美元相当于现在的35万美元。

其实艾维的方法很简单。在得到了查尔斯·希瓦勃的同意后,他分别与当时伯利恒钢铁公司里的每一位管理人员交谈了15分钟,在这15分钟里,艾维向他们传达了一个简单的任务,即在之后的三个月里,每一位管理人员都要在前一天晚上在纸上列出第二天需要完成的六件事,并且按照事情的轻重缓急排好顺序。第二天,每一位管理人员都要按照自己前一天所列的清单逐一地完成工作,每完成一项就用笔划去一项,如果实在因为某种原因而导致当天的任务没有完成,那么就把它写在下一天的清单上,以此类推。

五年之后,这个当年默默无闻的小钢铁厂一跃而成为世界上最大的独立钢铁厂,而其中,艾维提出的方法功不可没,因为查尔斯·希瓦勃曾经在给艾维的一封信中这样说道:"您的方法非常管用,我想它会值更多的钱,您为我上了人生中最有价值的一课。"

盲目蛮干只能使你精疲力竭、无所作为。一个人的时间、金钱和精力都是有限的,如果不能充分利用,将不会获得成功。成功之士之所以能够做到事半功倍,是因为他们总是为自己做好计划。因此,能不能把一件事情办成,一个很重要的因素就是看你有没有科学的计划和方案,以及按照这个计划和方案严格执行的毅力。

理念十六

做一名成功的跟随者

理念十六
做一名成功的跟随者

做领先者还是跟随者

在市场中，有竞争就有胜负，有胜负就有实力、等级、地位的划分。无论你承不承认，你的产品在市场中所占的市场份额都会明白无误地说明你在市场中的地位。世界著名的管理大师詹姆斯·莫尔斯曾说过，创新和领先是所有企业都矢志不渝地想要追求的，因为创新意味着独特的竞争优势，而领先则意味着超越对手。但是，实际的情况却是并非所有企业都能做到创新和领先，因为，商业社会发展到今天，无论是从整体还是从局部，创新都已经很难，而且须承担风险，大多数情况下，无论是一个行业还是整个商业社会，能够做到领先的往往只有少数几个企业，多数企业只能选择跟随。

通常采取跟随策略的企业有两种意图：一种是试图通过创造性跟随，获得和领先者同等的竞争优势，成为行业或市场的主流；一种是受制于企业的研发能力和总体实力，选择跟随策略，成为市场的补充，不求大富大贵，但求偏安一隅，这通常是中小型企业或大企业在非重点市场中采取的竞争策略。

所谓的跟随策略其实就是一种跟进法则，一直被大多数中小企业所采用，但这并不代表着处于市场领导者地位的大企业对此策略嗤之以鼻。事实上正好相反，我们越来越发现，使用跟随策略已经不是中小型企业的专利，像娃哈哈、可口可乐、茅台等行业领导者也加入了跟随者的阵营，成为跟随策略的成功实践者。

在饮料行业，统一企业曾凭借在低浓度橙汁饮料市场的创新，使统一鲜橙多一举成为低浓度橙汁饮料的领军品牌，独占鳌头。紧随其后，可口可乐公司强势推出果粒橙，以"柔取的阳光果肉"为宣传点，在低浓度橙汁市场和统一鲜橙多平分秋色。

无独有偶，随着农夫山泉的水溶C100在维生素饮料市场的成功，娃哈哈迅速推出了更具时尚感的HELLO-C，并由性感女星李玟进行代言；随着娃哈哈营养快线和蒙牛真果粒在果汁奶饮料市场的成功，可口可乐公司迅速跟进了果粒奶优；随着五粮液黄金酒对礼品保健酒市场的培育和引导，茅台集团迅速跟进了茅台白金酒；随着王老吉在凉茶市场的成功，和其正凉茶紧随其后；随着康师傅绿茶饮料的成功，雀巢迅速跟进了原叶绿茶，以"原叶泡制"概念深入人心，瓜分绿茶饮料市场。

每一家企业，都必须考虑规避风险，考虑对外部环境变化的适应，但是当整个商业环境处于"混沌"状态，"变"成为唯一不变的真理的时候，第一个吃"螃蟹"的人要么成为先驱，要么成为英雄，采用跟随策略即使不能使自己成为英雄，也是规避风险的最好办法：站在巨人的肩上才能看得更远。

慢一步也可制胜

市场中每个人都在追求一马当先，可是某些时候一马当先未必能赢，后来居上的反而能获得最终的胜利。在当今的市场中，很多企业管理者都认为开发新产品应采取"先人一步"的战略，此种先发制人的举措自然无可厚非，但有些中小企业本无"先人一步"的能力，也拼命地往前冲，结果常使企业陷于困境之中。

"先人一步"必须具备了一定的实力方可行事，"慢人半拍"也并非是无能的表现，尤其对那些技术力量薄弱、资金不雄厚、技术人才缺乏的中小企业，企业当家人更应三思而后行。对于创业者来说，在开发新产品时，创造较好的经济效益关键不在于是"先人一步"，还是"慢人半拍"，而在于抓准、抓住别人开发新产品的"时间差"，打出好的"落点"，从别人的产品中汲取优点和长处，不断改进自己的缺点和不足，扬长避短，在市场上同样能唱出后发制人的好戏来。

日本索尼公司在不久前曾向外界公布了一个秘密，带给我们很多启示。过去，索尼在研发上投入很大，但往往只开花不结果，费了九牛二虎之力将新产品推出之后，别的公司却往往已经掌握了相关技术，所以索尼成了冤大头，为他人做嫁衣。为此，索尼改变了策略，紧跟市场，待别人推出新产品打开市场后，索尼马上研究其不足，通过进一步的技术创新开发并迅速推出其第二代产品，在性能、加工、设计等方面都优于对方的第一代，结果，取得了"青出于蓝而胜于蓝"的技术创新和市场竞争效果。

从市场中的先行者、领先者，到后来的慢进者、跟随者，索尼看到了"慢人一步"的好处，于是它先做跟随者，然后从跟随者一跃而成为领先者。在这一过程中，索尼采取的是如下做法：当竞争对手成功开拓某一领域或新品种市场后，迅速借势跟进，成为市场有力的竞争者，并根据竞争对手在产品或者营销中的弱势和弊端迅速推出更加优秀的产品和更加完善的营销策略，从而一举战胜竞争对手，取得市场领先地位。

由此可见，对手的弱点往往存在于强势之中，比如在饮料市场，当可口可乐标榜自己是传统的可乐时，百事可乐正是看中了年轻消费人群，以"新一代的选择"向可口可乐进行挑战；众多乳酸饮品对蒙牛酸酸乳主销区的追随，一样取得了成功；再比如核桃露在蛋白饮品市场上的跟随，也同样收获颇丰。

采用跟随策略，并非是简单模仿和人云亦云，而是必须要有创造性，必须要以超越和再创造为目标。上面说过的例子，无论是果粒橙之于统一鲜橙多，还是原叶绿茶之于康师傅绿茶，都不是简单模仿，而是进行了再创造。后者的创造在于通过对产品进一步创新和产品概念创新，给消费者更高的价值感，"柔取的阳光果肉"给人的感觉当然是比纯粹的果汁品质更高；"原叶泡制"的茶饮料给人的感觉当然是品质更好……也许这种再创造并非真实存在于产品之中，但是只要通过概念创新把这种"更高的品质"传达给消费者并且让消费者认同，就是一种超越，就是成功。

做一个成功的跟随者

中国有句古话说："木秀于林，风必摧之；堆出于岸，流必湍之；行高于人，众必非之。"还有一句俗语"枪打出头鸟"，说的都是一种根植于中国人血脉之中的中庸哲学，虽然这些言辞有时并非正确，但却往往具有一定的合理性。时过境迁，没有人敢保证自己会一如既往地成为领导者，同理，在市场竞争中也没有谁能够永远当老大。既然大多数时候我们都在充当跟随者，那么如何做一个成功的跟随者对一个企业的管理者来说就是至关重要的。

所有成功的跟随者都有一个共同的特点，就是对市场的敏锐感知和快速反应。他们比开拓者只是慢半拍，而不是慢很多步；他们推出的是更完善的产品或者是和竞争对手有着差异化的定位，而非完全模仿，并且完善的这一点或差异化的定位正是消费者看重的价值。因此，更准确地说，他们是成功的快速追随者，实施的是快速追随策略。

做成功的追随者需要企业在进行新产品的研究、开发以及进入市场的过程中，密切注意竞争对手的行动，并且在对手推出新产品后，对消费者的需求反馈迅速作出反应，并快速推出更符合市场需求的创新型产品。松下公司就是实施这一战略的典范。松下的竞争战略就是"当同行业推出什么新品时，我们就要在同一瞬间推出更新的产品"。松下的大部分产品都是在比别人慢半拍的情况下推出的，但却总能后发制人。

想要成为一名成功的追随者你应该具备以下几个方面：

1. 有备而来

机遇只垂青那些有准备的人，如果你不能作好准备，那么将距离领先者越来越远。你应该拥有和领先者同等的或更好的技术和专长，这样才有可能在未来某个关键时刻赶上领先者。所以，追随者要想成功，必须对未来有充分的准备，并且一直在积极"建设"自己的专长。

2. 适时而动

作为一个追随者，应该知道进入市场的时候不能太早。太早，顾客不熟悉新产品，对新产品的用途、好处等一无所知，收集不到消费者反馈的有价值的信息，没有时间进行分析并找出一个对消费者有价值的可以完善的点，所以，推出的产品也不能符合消费者的需求，那样追随者就会经受和开拓者相同的风险，没有意义。再者，不能太迟，太迟就给了开拓者喘息的机会，开拓者将会根据消费者的反馈作出有效反应，从而推出改进型或更新换代的产品，这时追随者就失去了市场机会。

3. 知己知彼

知己知彼才能百战不殆。作为一个快速追随者，一定要密切关注开拓者的一举一动，深入研究开拓者，研究它的现行战略和未来战略，以及采用这种战略的原因。只有这样，才能发现市场机会点，有效预估市场风险，找到最合适的进入时机，在市场中找到自己的位置，更好地实施差异化战略。

4. 切忌盲目模仿

不要推出和开拓者完全相同或基本相同的产品。即使你拥有更低的成本和价格。这些都不足以超越开拓者，要想建立持久的竞争优势，一定要有一定的差异性。哪怕只是在消费者心中建立一个概念的差异性。一定让消费者觉得是开拓者"升级的产品"或"更创新的产品"而非"模仿品"。

5. 借鉴经验

一方面，市场先入者会以自己的成功和失败告诉追随者，在进入市场时什么事应该做，什么事不应该做。这对于追随者是重要的。另一方面，开拓者率先推出新品，由于对市场需求的不确定性，如果开拓者事先判断失误的话，就会栽跟头，这时就是快速追随者进攻市场的最佳时机。

理念十七

高效率源自恰当的激励

理念十七
高效率源自恰当的激励

请重视员工激励

美国哈佛大学的管理学教授詹姆斯说："正确的激励是人力资源管理的关键之所在，如果没有激励，一个人的能力发挥不过20%～30%，如果施以激励，一个人的能力则可以发挥到80%～90%，正确的激励可以更好地发挥员工的工作能力，提高员工的工作绩效。"

查理·斯瓦伯担任卡内基钢铁公司第一任总裁时，发现自己管辖下的一家钢铁厂的产量很落后，便问厂长原因。

厂长回答："我好话丑话都说尽了，甚至拿辞退来威胁他们，可他们软硬不吃，总是懒懒散散的。"

那时正是日班工人即将下班、夜班工人就要接班的时候。斯瓦伯向厂长要了一支粉笔，问日班的领班："今天炼了几吨钢？"领班回答："6吨。"

斯瓦伯用粉笔在墙上写了一个很大的"6"字后，默不做声地离开了。

夜班工人接班时，看到墙上的"6"字，好奇地问是什么意思。日班工人说："总裁今天过来了，问我们炼了几吨钢，领班告诉他6吨，他就在墙上写了一个'6'字。"

次日早上，日班工人前来上班，发现墙上的"6"已被夜班工人改写为

"7"；知道输给了夜班工人，日班工人内心很不是滋味，他们决心给夜班工人一点颜色看看。那一天，大伙儿加倍努力，结果他们炼出了10吨钢。于是，墙上的"7"顺理成章地变成了"10"。

在日、夜班工人你追我赶的竞争之下，工厂的情况很快得到了改善。不久，该厂产量竟然跃居公司所有钢铁厂之首。

只用一支粉笔，斯瓦伯便扭转了乾坤，这就是激励的力量。

一提起员工激励，很多人就会想到涨工资或发奖金，实际上员工激励的形式是多种多样的，我们可以根据激励的性质，将激励分为物质激励、环境激励、成就激励、能力激励四种形式。物质激励包括工资、奖金和各种福利，是最基本的激励手段。环境激励包括单位良好的规章制度、和谐、积极的文化氛围、优越的办公环境等。成就激励包括组织激励、榜样激励、目标激励、绩效激励等，以满足员工心理上的需求。能力激励包括给员工提供培训的机会、适合自身发展的工作岗位等，以满足员工发展自己能力的需求。

真正高明的激励之道还是从精神上入手的。即使是最平庸的一个人，内心也有着自尊自强的一面，一旦激发了他积极向上的激情，他就能创造出令人震惊的业绩。精神的力量是无穷的。一个人内在的激情一旦被点燃，什么奇迹都可能创造出来。

激励有着正负之分，领导者在管理企业的时候，应该多采用正面的激励，少采用负面的激励。当然，采取什么样的激励方式，往往要根据事情的具体情况。

拿破仑一次打猎的时候，看到一个落水男孩，一边拼命挣扎，一边高呼救命。这河面并不宽，拿破仑不但没有跳水救人，反而端起猎枪，对准落水者，大声喊道："你若不自己爬上来，我就把你打死在水中。"那男孩见求救无用，反而增添了一层危险，便更加拼命地奋力自救，终于游上岸。

对待自觉性比较差的员工，一味地为他们创造良好的软环境、去帮助他们，并不一定能让他们感受到"萝卜"的重要，有时还离不开"大棒"的威胁。偶尔利用你的权威对他们进行威胁，会及时制止他们消极散漫的心态，激发他们发挥出自身的潜力。自觉性强的员工也有满足、停滞、消沉的时候，也有依赖性，适当的批评和惩罚能够帮助他们认清自我，重新激发新的工作斗志。

找对激励方式，分清他是哪种"鱼"

世界著名的人本主义心理学派大师马斯洛曾经提出过著名的"需要层次论"，将人的需求由低到高分为五个层次，即生理需要、安全需要、爱的需要、尊重需要和自我实现的需要。依据马斯洛的需要层次理论，激励必须要考虑人的需求，员工需要什么，我们就给予什么激励，这样的激励才是真正有效的。打个比喻说，一个濒临饿死的人你就是给他十座金山都没有用，还不如给他一个面包更直接、更有效。因此，员工激励，必须要考虑员工各种各样的需求，并有针对性地给予激励。

作为企业的管理者，你应该清楚你的员工属于何种类型，这样才能更加具有针对性地实行激励手段。

如果把员工比喻成鱼，那么他们周围的环境就是水，对于生存于不同环境中的鱼来说，因为水的不同，所以鱼的需求也各异。我们把不同类型的员工，比喻为四种生存环境下的鱼，不同环境中生存的鱼，需要不同的激励。

第一种是生活在小水沟里的鱼。因为小水沟面积小，储水有限，除了自然雨水和人工供水，没有其他进水渠道，沟里的水很容易干涸，而且水质差，甚至没有生物，水里缺少鱼需要的营养物质。鱼儿在这样的环境下生存，它们最迫切的需求是水，没有水，鱼就会死亡，只有在满足它们最基本的需求情况下，其他的才有意义。

对于这种类型的员工，他们最迫切需求的是物质，比如工资、奖金等。他们需要钱来养家糊口，需要供小孩上学，或者供自己生存等，因此，他们可以做最累、最脏、最不体面的工作，只要有一份不错的收入就行。他们本身并没有太多的能耐，也没有太高的要求，他们只需要挣足够的钱来承担家庭和生活的责任。

对于他们最直接有效的激励方式是物质激励，如果缺少物质激励，不能满足他们最基本的物质需求，给予他们再多的精神方面的激励也起不到任何作用。

第二种是生活在水塘里的鱼。由于水塘容量较大，具有一定的储水能力，不是在遇到特别干旱的情况下，可以靠自然雨水自足，不容易干涸。但由于水塘里的水是静止的，塘里淤泥多，塘水浑浊，甚至腐臭，水质较差。水塘里具有一定量的浮萍、杂草等生物，具有鱼需要的一些营养物质。这种生存环境下的鱼，由于水质差，它们需要的是良好的生存环境，另外，水塘面积也不大，它们也需要更宽广的生存空间。

对于这种类型的员工，他们需要的是良好的工作环境，更大的发展平台。他们基本上衣食无忧，能满足最基本的物质生活。他们一般具有一定的学历、知识、能力，拥有一份轻松、稳定而又比较体面的工作，但对本身的工作，往往却又无法自主选择。他们需要的是工作更轻松、环境氛围更好，需要在工作中得到别人的尊重，由于他们对本身的工作缺少自主选择性，也需要有一个更宽广的舞台。因此，他们不但需要一定的物质激励，还需要相当的精神方面的激励，两种激励方式应该齐头并进。在物质激励方面主要是增加工资和福利，在精神方面的激励，主要是环境激励、组织激励、榜样激励和荣誉激励等。

第三种是小河里的鱼。小河里的水总是在不停地流动，可能会一直流向大海。鱼的活动空间很大，只要鱼愿意游动，可以一直向前随河水游入大海。河流里的水由于有供水的源头，很难干涸，但过于清澈，生物稀少，营养物质不丰富。这种生存状态下的鱼，就是要尽快地游向大海，因此，它们的需求是要有良好的动力和明确的目标。

对于这种类型的员工，管理者应当明白，他们需要有远大的目标，追求更广阔的发展空间。他们一般情况下不会被最基本的生活所困扰，不需要整天为生活而奔波。他们一般具有较高的学历，具有较强的专业知识和能力，他们的工作往往不稳定，也不一定体面或轻松。相对于物质的回报来说，他们往往更加看中自身的发展、自身能力的提高，他们所需要的是要有远大的目标和更为广阔的发展空间，他们能接受暂时脏、累、苦甚至不体面、没有物质保障的工作，但不能长久地接受这种工作，他们只是把这种工作作为一种磨炼，以期得到更大的发展。因此，对于他们的激励更有效的应该是目标激励、能力激励、绩效激励等，物质激励可以次之。

第四种是生活在海里的鱼。生活在海中，鱼的生存空间无限宽广，海水也不会干涸。毋庸置疑，海里的物质条件丰富，但由于海里生物种类繁多，生命容易受到威胁，所以这种鱼最需要的是锻炼保护自己的能力。

对于这种类型的员工，他们需要有竞争性的环境，需要有实现自我的平台，更需要有提高自己能力的机会。他们一般情况下都拥有比较雄厚的物质基础，能过上优越的日子，不会为生活发愁。他们一般都具有非常高的学历、丰富的专业知识、卓越的能力。这种类型的员工，他们需要的是自身能力的提高、自身价值的实现，只有能力提高了，才不会被淘汰，自身价值得以实现，才能有更大的发展。因此，对于他们的激励更有效的应该是能力激励、绩效激励等。

其实，在任何企业、单位或团体，以上四种类型的员工都会存在，他们之间也不完全是独立的，有些员工可能同时具备了以上四种类型员工的部分特质。因此，作为一名企业的管理者，在实施激励手段时，要根据不同类型的员工实施不同方式的激励，杜绝滥用激励，要把激励资源真正用到最需要的地方去。

理念十八

批评应该选择正确的方式

理念十八
批评应该选择正确的方式

不是所有的错误都需要批评

这个世界上，无论再怎样优秀的人都会有犯错的时候，所以，人的一生中不在于犯了多少次错误，也不在于所犯错误的大小，而在于他对错误的认识和理解，避免以后不再犯类似的错误。

作为一名管理者，当你发现下属的错误、工作的失误的时候，批评也是必要的，但并不是说所有的过错都需要批评。过多的批评既耗时间又费精力，会失去批评的积极意义。当下属犯了错误时，管理者对于这一过错是否一定要予以批评纠正呢？如果有了一点小过失都要斤斤计较，那下属会觉得你是一个吹毛求疵、锱铢必较的上司。这样做不仅会影响员工工作的积极性，也会破坏你在员工心目中的形象。

世界著名成功学大师戴尔·卡耐基经历过这样一件事：

在一次宴会上，某客人引用了"谋事在人，成事在天"的格言，并说此话出自《圣经》。

卡耐基为了表现自己的渊博学识，便指出那客人错了，说此话出自莎士比亚的戏剧。

那客人听了恼羞成怒，与卡耐基争辩起来。

当时卡耐基的一位老朋友也在座，而且这位朋友是研究莎士比亚的专家。

卡耐基便向朋友求证，不料朋友却在桌子底下踢了他一脚，说："你错了，这位客人是对的，这句话出自《圣经》。"

后来，在回家的路上，卡耐基很不服气地说："那句话明明出自莎士比亚的戏剧。"

朋友回答："当然是出自莎士比亚的《哈姆雷特》第五幕第二场。可是为什么非要去证明他说错了呢？这么一点小小的错误，不说也不会造成什么严重的后果，说了就会让他很尴尬。我们大家都是宴会上的客人，为什么不保住他的面子呢？"

卡耐基由此事受到深刻启发：一些无关紧要的小错误，不必斤斤计较、求全责备。

作为一名优秀的企业管理者，你应该知道什么样的错误是应该用宽容对待的，什么样的错误是应该严厉禁止的，也许有些错误的出现你不仅不应该批评反而应该鼓励。

20 世纪 60 年代中期，美国通用电气公司的一位年轻工程师独立负责一项新器材的研究。正当这位工程师踌躇满志地想要大干一场的时候，不幸的事情发生了：实验室的研究设备突然爆炸，3000 多万美元的实验设备连同厂房瞬间化为灰烬。面对爆炸后一片狼藉的现场，年轻的工程师精神面临崩溃。他想自己在公司的梦想和满腔的抱负必然就此结束了。他非常沮丧和愧疚地等待接受总部派来的调查人员的质问和惩罚，但让他没有想到的是，这位调查人员问他的第一句话是："我们从中得到了什么没有？"工程师很惊讶，继而沮丧地回答："得到了，这个方案不可能行得通。"调查人员说："那就好，最怕的是什么也没有得到。"之后，这位年轻的工程师并没有因为这次事故得到任何责难和惩罚，公司高层对他的评价是——有担当，善于总结错误，值得任用。一年之后，这位工程师终于开发出了新型的材料，并为通用电气的某项产品提供了最具价值的改进方案。

试想一下，如果当时通用的高层对于这位工程师带给企业的损失大发雷霆，对其进行严厉的批评，甚至是直接将其辞退，那么这位工程师可能就不会对通用作出之后的贡献了。

作为一名优秀的管理人员，应该慎重地对下属进行批评，因为批评很多时候会扼杀员工的创新性，使员工产生挫折感。

当员工犯了错误后，管理者要选择恰当的方式来解决，给员工留够面子。员工会感激不尽并会认真改过，不再犯错。一个聪明的主管会从员工的立场出发，采用最恰当的方式，让员工心甘情愿地接受并服从自己的建议。批评会影响他人的情绪，让不明真相的人心理产生波动，会破坏工作场所的氛围。批评很多时候只会使问题恶化，不能解决实际问题，要知道批评只是管理的手段而不是目的。每个人都喜欢受鼓励、喜欢被激励，批评会使员工产生逆反心理，会消极怠工。

批评的三个原则

小涵是一位刚刚从一所医学院校毕业的实习护士，一天，她给一个发高烧的三岁小男孩输液，可针在孩子的手臂上扎了好几次，也找不到那细小的血管。小涵急得直冒汗，孩子的父亲表现得越来越愤怒。但小涵还是没能成功，那位父亲看着痛得大哭的孩子，粗暴地对小涵说："你到底会不会啊？这样的水平也能当护士吗？"

那位父亲的话似锐利的钢针，刺得小涵的心一阵剧痛，眼泪忍不住夺眶而出。很快，护士长被那孩子的父亲叫来了。

护士长看了下输液器对小涵说："是输液器出了问题，赶快换一个吧。"

小涵迅速拿来一个新的输液器。护士长一针就扎进去了。

"你也不仔细检查一下，输液器有问题，还白费劲。"旁边的父亲听护士长这么责备小涵，便没再抱怨。

事后，护士长把小涵悄悄叫到一边，告诉她："输液器是没有问题的。你以后要苦练基本功啊！"

那一刻，小涵的泪水滚滚而下。她由衷地感激护士长的良苦用心，给了她一次尊严。

此后，小涵苦练基本功，上班练，下班也练，母亲被她感动，主动成了她的"模拟"病员。

眼看着母亲的双臂被她扎得鲜血淋漓，有时母亲疼得冷汗直冒，她的心也在一阵阵地"滴血"。后来，她干脆悄悄将自己作为了试验品，当汗水和泪水成串落下的时候，她的耳边便一遍又一遍地响起护士长那亲切的话语。

后来，小涵成了院里有名的"一针准"，成了人人羡慕的业务骨干。

企业的管理者在管理工作中必定会遇到一些必须要批评的错误，这个时候应该注意批评的方式。实际上，对于一些缺乏管理知识和经验的领导者来说，批评下属确实是一件不太轻松也不太容易的事情，但是，谁都会犯错误，批评也是一种艺术。如果管理者不懂得如何批评下属，就有可能降低下属的工作效率，甚至影响整个团队的工作效率。

批评的方式有很多种，这就需要管理者根据具体的当事人和事件进行选择。比如，性格内向的人对别人的评价非常敏感，可以采用以鼓励为主、委婉的批评方式；对于生性固执或自我感觉良好的员工，可以直白地告诉他犯了什么错误，以期对他有所警醒。另外，对于严重的错误，要采取正式的、公开的批评方式；对于轻微的错误，则可以私下里点到为止。

当你必须要对下属进行批评的时候，应该注意以下原则：

原则一：了解事实

了解事实是正确批评的基础。有些管理者一时激动就不分青红皂白对下属进行批评，而忽略了对客观事件本身进行全方位的调查。虽然管理者可能自认为已经清楚地了解了事件的客观真相，但在批评时还是要认真地倾听下属对事件的解释。这样做有助于管理者了解下属是否已经清楚了自己的错误，也有利于管理者进行进一步的批评。有意思的是，下属往往会告诉管理者一些管理者可能并不清楚的真相。如果管理者没有办法证实这些问题，则应立即结束批评，再作进一步的调查了解。

原则二：对事不对人

虽说事情都是人做的，但在批评下属时，还是要尽量对事不对人。这样做也是为了防止让下属认为你对他有成见。"对事不对人"不仅容易使下属客观地评价自己的问题，让下属心服口服，它的重要意义还在于可以在部门内部形成一个公平竞争的环境，使下属不会产生为了自己的利益去溜须拍马的想法。

原则三：不要大发脾气并要适可而止

有可能下属所犯的错误令管理者非常生气，但管理者千万不要在批评时大发脾气。这样做的后果是管理者会在下属面前失去自己的威信，并且给下属造成对他有成见的感觉。在下属认识到自己的错误后，管理者应该尽快结束批评。过多的批评会让下属感到厌烦。另外，管理者不应该经常将下属的某个错误挂在嘴边上，喋喋不休地唠叨。

如果在批评时，下属有抵触情绪，在批评后的几天之内，管理者应该找下属再谈谈心，消除下属可能产生的误解；如果批评后，下属还没有改正错误，要认真地分析他继续犯错的原因，而不应盲目地再次批评。

实际上，沟通是解决问题的最佳方法。大多数的错误不是由下属主观引起的，可能是多种因素的综合结果。当管理者在批评下属时，也要认真地反省自己应该承担的责任。一味地批评别人，而不反省自己的错误，也是许多管理者的通病。

玫琳凯的"三明治"批评策略

管理者指责下属的过失，目的是唤起他的责任心，让他形成一种警觉，以后不再犯同样或类似的错误。但是，并不是所有的批评都可以达到这样的目的，因为批评和被批评的过程通常不是在平心静气中进行的，并且当下属遭受到过多的批评时，情况更加糟糕。

总盯着下属的错误不是管理者明智的选择。人都有被赞扬、被肯定的心理需要，一般情况下，表扬、激励下属可能达到比批评更好的效果。

世界著名化妆品巨头玫琳凯公司的创始人玫琳凯·艾施认为，对犯了错误的员工提出合理的批评和建议是应该的，但在批评的过程中要讲究原则，对此，玫琳凯·艾施提出了批评的"三明治策略"，即不要光批评而不赞美。不管你要批评的是什么，都必须要找出对方的长处来赞美，批评前和批评后都要这么做。由于这种批评方式并不是一味地采取批评的手段，而是在两层厚厚的表扬之间夹杂着一层批评，因此被玫琳凯·艾施称为"三明治式的批评"。

有一次，玫琳凯·艾施的一名女秘书调离别处，接替她的是一位刚毕业的女大学生。新来的女大学生很有才华，人也很机灵，但就是打字时总是不注意标点符号。为了自己的秘书能够愉快地接受批评并改正，玫琳凯·艾施对她说了这样一席话："你的衣服很漂亮，穿上它，显得你更加美丽大方。"老板的称赞让女秘书受宠若惊。玫琳凯·艾施接着说："尤其是你这排纽扣，点缀得恰到好处。就像文章中的标点符号一样，有了它，文章才会易懂并且条理清楚。你很聪明，相信你以后一定会更加注意这方面的！"聪明的女秘书愉快地接受了老板的批评，并且从那以后，女秘书果然在这方面做得比以前好多了。

由此，玫琳凯·艾施得出了一个结论，那就是员工接受完批评之后，从他转身离开的刹那间所表现出的态度，就能够看出批评的效果。如果他是垂头丧气的，就说明这次挫折激励的效果不好；如果他开心地离开你，则说明这次挫折激励的效果还不错。

理念十九　　像重视生命一样重视产品质量

理念十九
像重视生命一样重视产品质量

从张瑞敏砸冰箱说起

1985 年的时候，张瑞敏已经在青岛电冰箱厂厂长的位置上干了一年多的时间。在这一年的时间中，他刚刚让这个濒临倒闭的小厂子起死回生。这一天是周末，张瑞敏的一位好友想要买一台冰箱，但是挑了好几台都有毛病，虽然最后终于选到一台没有问题的，但朋友却对冰箱的质量颇有怨言。朋友走后，张瑞敏派人把库房里的 400 多台冰箱全部检查了一遍，发现共有 76 台存在各种各样的缺陷。

看着那一排排的冰箱，张瑞敏浑身冒冷汗，这要是都进入市场的话，会造成多么严重的恶劣影响啊！他深深地知道如果不解决产品的质量问题，那么厂子虽然活过来了，但也将走进绝境。为此，他把职工们叫到车间，问大家该怎么办？

有的人说修一下当做次等品，以低价格卖出去。当时一台冰箱的价格是 800 多元，相当于一名职工两年的收入。很多职工都认为，虽然有些问题，但是也不影响使用，便宜点儿处理给职工算了。

张瑞敏听了大家的意见后，沉默了良久，然后痛心疾首地说："我要是允许把这 76 台冰箱卖了，就等于允许你们明天再生产 760 台这样的冰箱。我要把这些冰箱全部砸毁，谁干的谁来砸。"

　　说完，张瑞敏抢起大锤亲手砸碎了第一台冰箱！严厉的话语和纷飞的碎片震惊了在场的所有职工。在接下来的一个多月里，张瑞敏发动和主持了一个又一个会议，讨论的主题非常集中："如何从我做起，提高产品质量"。三年以后，海尔人捧回了我国冰箱行业的第一块国家质量金奖。

　　张瑞敏说："长久以来，我们有一个荒唐的观念，把产品分为合格品、二等品、三等品还有等外品，好东西卖给外国人，劣等品出口转内销自己用，难道我们天生就比外国人贱，只配用残次品？这种观念助长了我们的自卑、懒惰和不负责任，难怪人家看不起我们，从今往后，海尔的产品不再分等级了，有缺陷的产品就是废品，把这些废品都砸了，只有砸得心里流血，才能长点记性！"一场砸冰箱的事件，不仅使海尔成为了当时注重质量的代名词，同时也震服了海尔所有的人，从而确立了张瑞敏在海尔绝对的领导地位。

　　时隔多年后，海尔凭借着高品质成为了一个全球性的顶级品牌，很多人都说张瑞敏一锤子砸出一个世界五百强。由此，海尔砸冰箱成为了中国企业注重质量的一个最典型的事件，并因此成为无数大大小小的媒体、书刊、高等院校的"经典案例"，最重要的是，通过这一事件的传播，海尔注重企业管理、注重产品质量的形象被极大地树立起来。

　　作为一名企业管理者，应该明白企业间的竞争最重要的是产品质量的竞争，一个生产不出适应消费者需要的高品质产品的企业，势必会在市场竞争中被淘汰。从这个意义上讲，产品质量是企业生存和发展之本，是企业的生命线。只有把产品质量提高到一个崭新的水平，才能使企业做得更大更强，企业才能立于不败之地。

　　事实证明，但凡优秀的企业，都有着对质量问题极为严苛的态度，譬如海尔。回过头来看，那些曾经对张瑞敏砸毁冰箱举动不满甚至反对的人无疑是短视的，他们只看到眼前的一点利益，而忽视了长远的利益。他们不知道，只有高质量的产品才能在厂商和顾客之间建立起良好的信赖关系，而这样的信赖一旦形成，整个企业的运作包括销售环节就都不成问题了。

质量是企业的生命，这句话从来都没有例外。当然产品质量的优劣不仅仅关系到企业的生命，同样也关系到员工的生计。所以，无论是管理者，还是普通员工，都应该有视产品质量为生命的精神。

重视质量，首先要提高质量意识

在第二次世界大战中，美国空军发挥了重大的作用，他们的存在为盟军提供了相当大的保障，甚至在某些战区起着决定战局的主导作用。特别是隶属空军的空降师，他们如同神兵一样从天而降，凭借其灵活、出色和强悍的战斗力成为法西斯军队的噩梦。

降落伞是空降部队的重要装备，但是在当时，降落伞的安全度很差，曾经屡次出现过因降落伞质量问题造成的事故。后来经过厂商努力改善，使得降落伞良品率达到了99.9%，应该说这个良品率即使现在许多企业也很难达到。但是美国空军依然说不行，他们要求所交降落伞的良品率必须达到100%。于是降落伞制造商的总经理便专程去飞行大队商讨此事，看是否能够降低这个水准，因为厂商认为，能够达到这个程度已接近完美了，没有什么必要再改。美国空军当然一口回绝，因为品质没有折扣。

后来，军方改变了检查品质的方法，那就是从厂商前一周交货的降落伞中，随机挑出一个，让厂商负责人背在身上，然后亲自从飞行中的运输机中跳下。这个方法实施后，合格率立刻达到了100%。

在这个故事中，产品（降落伞）的质量才真是切切实实地同生命联系在了一起，不仅仅是企业的生命，更重要的是人的生命。

毋庸置疑，即便现在来看，99.9%的产品合格率也足以让市场中绝大多数的企业汗颜，但是我们看到，最后那些降落伞竟然达到了100%的合格率。这深刻地说明了一个问题，那就是任何质量问题都是人为的，只有培养好高度的敬业精神和职业道德，质量问题才会不成问题！

在全球化的背景下，设备和生产条件本身的国际差异已经很小，如何在国际化的市场面前分得一杯羹便成为企业管理的焦点。面对激烈的商业竞争，一名企业的管理者应该知道，今天的我们更加需要强化质量意识。

许多人做事时常有"差不多"的心态，对于领导或是客户所提出的要求，即使是合理的，也会觉得对方吹毛求疵而心生不满！认为差不多就行，但就是很多的"差不多"，才产生了很多的质量问题。或许我们应该站在消费者的角度想一想，即便你的产品有99.9%的合格率，按照概率算来，一百件产品中仅有一件不合格，一千件中就是十件，那么一万件，十万件呢？可能对你来说这个是微不足道的，但是对于消费者来说，只要买到的是不合格的产品，那就是100%。

试想，如果什么事情都只有99.9%的合格率，那么每年全国就会有20000次配错药事件；每年就有15000个婴儿出生时会被抱错；每星期就有500宗做错手术事件；每小时就有2000封信邮寄错误。看了这些数据，我们肯定都希望全世界所有的人都能在工作中做到100%。因为我们是生产者，同时也是消费者。更重要的是，我们会因此而感到每天的忙碌工作是有意义的，而不是庸庸碌碌地只想换一口饭吃。

有个技术很好的老木匠准备退休，他告诉老板，说要离开建筑行业，回家与妻子儿女享受天伦之乐。

老板舍不得他的好工人走，问他是否能帮忙再建一座房子，老木匠说可以。虽然老木匠同意了，但是大家都看得出来，他的心已不在工作上了，他用的是次料，出的是粗活。房子建好的时候，老板把大门的钥匙递给了他。

"这是你的房子，"他说，"是我送给你的礼物。"

老木匠震惊得目瞪口呆，继而又羞愧得无地自容。如果他早知道是在给自己建房子，他怎么会这样呢？现在他得住在一幢粗制滥造的房子里了！

实际上，无论是在工作中还是生活中，我们又何尝不是像故事中的老木匠一样，漫不经心地"建造"自己的生活，不是积极行动，而是消极应付，凡事不肯精益求精，在关键时刻不能尽最大努力。等我们惊觉自己的处境，早已深困在自己建造的"房子"里了。

企业的管理者在对产品质量进行管理的时候，最重要的就是提高员工的质量意识，这里的员工指的不仅仅是生产一线的员工，也是指处于管理阶层的管理者和决策者。管理者不能只注重产量而忽视质量，只注重产量而忽视质量最终只会造成企业走向绝境。

当然，对于企业而言，所谓的质量不仅仅单纯指产品质量，针对销售而言的服务质量也是不可忽略的一个重要组成部分。产品质量和服务质量，两者如车之两轮，不可偏废其一！所以，在质量问题上，无论是生产一线的员工，还是销售人员，每一个人都与品质息息相关，每一个人都是品质的体现！

作为一名企业管理者，你应该认识到虽然是人缔造了品质，但产品的品质却反过来取决于人，只有在人与产品品质这种互动关系中，紧紧地把握住人的意识才能造就最出色的产品质量。

质量是企业的生命，是企业发展壮大的保证，而产品质量的稳定与提高，和企业员工的质量意识密不可分。企业管理者应该具有这样的理念：提高质量意识是一项长期而系统的工作，需要企业建立质量意识文化并且提供配套的支持，每一名员工需要长期持久地坚持学习，一时的疏忽就可能酿成不可挽回的损失，决不能认为质量就是"说起来重要，做起来次要，忙起来不要"的东西，因为忽视质量问题，企业的生命将慢慢受到蚕食，长此以往，企业将被无情的市场淘汰。因此，提高员工的质量意识，保证产品质量，企业才能永远保持旺盛的生命力，永远立于不败之地。

理念二十

相信品牌的力量

理念二十
相信品牌的力量

企业要做强做大，品牌是关键

可口可乐公司的前总裁伍德拉夫曾经说过："即使可口可乐公司的所有资产一夜之间统统烧光，单凭'可口可乐'四个字，就可以重新创造一个强大的企业。"这句话充分地说明了企业品牌的重要性。

品牌是企业产品的标志，是企业市场竞争的利器。品牌代表着市场，也代表着利润。

纵观国内外所有成功的企业，几乎无一例外地注重树立自己的品牌，品牌是企业安身立命的基础。创立知名品牌是企业的至高追求，是企业的内驱力。

由于商品贸易的逐步繁荣，市场中相同种类的产品越来越丰富，产品与产品之间的差异化也变得越来越小，为了能够区分产品的不同，在商品交换过程中，各商家开始通过有自己商品特征的标记或者图案来区分自己的产品与其他商品。

随着经济的发展，品牌的作用也逐渐地开始从区分同类产品的作用中解脱出来，并开始越来越多地凸显出其作用。在当今的市场经济中，品牌不仅仅是一种符号和产品的象征，更是企业、产品、社会的文化形态的综合反映和体现；品牌不仅仅是企业的一项产权和消费者的认识，更是企业、产品与消费者之间关系的载体。

作为企业的管理者，应该非常清楚品牌对于企业的重要性，因为在市场中，品牌意味着优秀的产品质量、出色的商家信誉，同时对于企业也意味着能带来更高的经济效益和更低的生产成本。每一个优秀的品牌背后都有一个强大的在市场竞争中处于优势地位的企业。而一个企业要想做强做大，优秀的品牌是关键。

当年，蒙牛在无工厂、无奶源、无市场的"三无"情况下，选择了"先做市场，再建工厂"的战略方向，并将蒙牛的品牌目标确定为：第一步做"内蒙古牛"，第二步做"中国牛"，第三步做"世界牛"。1999 年，当蒙牛以 100 万注册资金成立公司时，伊利的市场规模已是 12 亿元，蒙牛在全国的排名仅为第 1116位。然而蒙牛挟品牌之威力跑出了火箭般的速度，在短短 5 年时间里一跃成为中国乳制品行业的"领跑者"，创造了平均每天超越一个竞争对手的神话。可以说，以知名品牌立业，是企业可持续经营的不二法门。

随着市场化、科技化、专业化的不断推进与发展，企业最想宣传的是自己的品牌，消费者最关注的也是企业的品牌。品牌已经成为企业核心竞争力的标志。做品牌就像做人，从小就要树立品牌的价值和理念。所以，塑造品牌并不只是那些大企业的专利，中小企业更需塑造自己的品牌。

毋庸置疑，品牌已经成为所有企业成功的关键因素，一个好的品牌不仅仅能为公司带来良好的声誉，带来更多的市场份额、更多的销售收入，同时能带给客户更明确的选择目标，为客户带来更优质的产品。简单而言，品牌就是带给客户与企业更多双赢的机会和保证。

优质缔造优秀品牌

2008 年的时候，中央电视台某栏目携手全国多家省级卫视和一批非常具有影响力的地方平面媒体，共同开展了一项关于中国百姓品牌意识的大型问卷调查活动。在对全国范围内所选择的 32 个大城市的 20000 名调查者进行调查之后发现，当这些被调查者被问及"你认为什么是品牌"时，有90.16%的人认为"首先是产品质量好"。由此可见，产品质量对于品牌的重要影响。所以对那些雄心勃勃想创品牌的企业来说，质量是塑造品牌的基础。

我们都知道，韩国的三星集团是世界著名的企业，而三星这个品牌也是名副其实的国际知名品牌。面对如今三星的辉煌，很多人绝对不会想到当初的"三星"竟然是一个因为生产产品低劣粗糙而被消费者厌弃的品牌。

1988年的时候，李健熙刚刚当上三星集团的总裁不久，他上任的第一件事就大声疾呼：三星人要摒弃重产量轻质量的落后观念，树立质量至上的意识，否则很难使企业生存下去。此话绝不是危言耸听。他曾经飞往美国洛杉矶调查了许多电器商店，发现三星电器在价格上比日本电器要便宜，然而却仍不能吸引消费者。他立即召来三星的三位高级职员，首先把市场上最畅销的电视和录音机产品同三星产品摆在一起比较，三星产品相形见绌。然后让三位到商店去询问三星产品为什么不受欢迎。答案是：设计粗糙、故障率高、售后服务差等。为此，李健熙开始在企业内寻找原因。他发现：过去三星评估下属企业和职工的表现时，65%看产量，而质量最多只占到35%。由此他提出：质量与产量的重要性之比应该是9比1，甚至更高。三星人必须从观念上作根本改变，生产出世界上最优质的产品，以使三星有可能成为真正的世界品牌。

作为一名企业管理者，你应该明白，当科技发展到一定程度，产品与产品之间的功能逐步缩小时，产品本身的差异已经不明显了。这时候产品给客户带来的更多的则是使用产品的感受以及精神层面的诉求。同时，由于产品的品类越来越丰富，客户的选择范围也就更加广泛，自然也就意味着客户需要花费更多的时间和精力去挑选品质有保证、放心安全的产品。而此时，一个信誉良好、品质优秀的品牌自然也就为众多消费者所青睐。

当我们回归于品质对品牌的重要性的讨论时，你会惊讶地发现众多国际品牌对品质宣传的"过分"重视。例如，世界知名食品饮料公司雀巢公司，它的瓶装水包装上红底白字地表明"选品质，选雀巢"；世界日化行业的巨头宝洁公司，旗下众多品牌广告末尾总要加一句"宝洁公司优质产品"。实际上，这并不是偶然，而是源自对产品品质的重视。这些跨国企业通过重视质量将它们的品牌打造成世界知名品牌。

无论你是否是企业家，每个人都会是市场中的消费者。如果你对市场有一定的了解，你会清楚在当前的市场中多数客户购买产品时是有着几点标准的。首先是产品的品质，其次是产品给客户带来的心理上的满足感，最后是产品的价格。也就是说，我们的产品品牌其实是建立在我们优质产品的基础上的，优质产品是品牌的基础。品牌的作用就是向客户宣告这个产品具有品质保证，让客户在购买的过程当中减少决策失误，降低购买劣质产品的风险，减少决策时间，获得最理想的产品。企业构建产品的品牌其实是为了节约客户的决策成本和增强产品的优质率。

所以说，想要创建一个优秀的品牌，就必定要以优质的产品为基础。优质产品缔造优秀品牌，在任何时代的任何社会背景下，这都是一条亘古不变的真理。

好的品牌效应源自出色的宣传推广

当今市场中，很多商家都固执地认为只要自己的产品质量过硬，再加上优质的服务，就会赢得很好的市场。其实一个企业要想在竞争中立于不败之地，仅靠过硬的产品质量和优质的服务是远远不够的，还要通过出色的宣传推广，在消费者的心中建立一种深入人心的品牌意识，而这种品牌意识的建立就需要成功的广告宣传推广。

广告宣传是企业建设品牌的重要方式，要想增强商品的竞争力，就要提高商品的知名度，而提高商品的知名度的最佳办法就是产品的广告宣传。一个善于经营的企业家总是善于运用产品的广告效应，来增加产品的知名度，进而提升产品品牌的影响力和竞争力。

但是，企业家同样应该知道，出色的宣传推广首先要具备独具特色的广告创意，说到创意我们先来看看这样一个故事。

我们都知道宋徽宗虽然不是什么明君贤主，但却是一位才华横溢的画家，在某一年的皇家画院招生的时候，他出了一道"深山藏古寺"的题目，要求参加考试的人，根据这句诗的意思，画一幅表现深山当中有一座古寺庙的画。这个题目看上去容易，但要画得好却需要花点工夫。

参加考试的考生，纷纷发挥他们的想象力，有的在山腰里画了一座古寺庙，有的在深幽的山林当中画了一座古色古香的寺庙，还有的在山林里头，画了一座只露出半边红墙的古寺……画来画去，反正都少不了两样东西：一是山，二是庙。所以看起来大同小异，没有多少味道。

这一天，宋徽宗亲自来判这些考试卷子。他看了一幅又一幅，但却没有一幅能让他看上眼的，最后，宋徽宗看到了这样一幅画：画面上画的虽然也是深幽的山林，可是没有画寺庙，而是画了数级石阶和一条小溪，溪边有一个挑水的和尚。此幅画，虽不见近山浓涂，远峰淡抹，更没有萧森寺院，雄浑古刹，但那数级石阶，就是深山的缩影，那个挑水的和尚，就是古寺的象征。画面恰到好处，"藏"字跃然纸上。

一个"藏"字其实已经提出了绘画要求，但为什么很多人却仍然去做看得见的表面文章呢？其原因是很多人并不明白，"一个挑水和尚"是可以完完全全将古寺的存在表现得淋漓尽致的。我们每天的生活都被各种各样的广告所包围，但却没有几个能够让我们印象深刻，原因就在于，在对产品的宣传推广中流于表面和形式的东西太多了，所以，成功的品牌才不多。

曾经有一名烟草公司的推销员到一个新的市场去推销自己的"皇冠牌"香烟，但是当地的市场却已经被其他香烟品牌所占领，"皇冠牌"香烟想要进入几乎是不可能的。正在这个推销员愁眉不展的时候，他突然看到了"禁止吸烟"的牌子，于是一个灵感涌上心头。他制作了一个与众不同的广告牌，上面大大地标着"禁止吸烟"的字样，下面还有一行小字写着：皇冠牌也不例外。正是这个别出新裁的广告牌引起了众多消费者的注意，从而打开了皇冠牌香烟在这一地区的销路。

对于一个企业来说，要想打造产品的品牌，广告是一种不可或缺的宣传方式，一个成功的广告宣传不仅会让企业的品牌深入人心，同样也会为企业带来巨大的利润。

品牌是一种力量，正如中央电视台对这句话的诠释：品牌的力量，让我们前行，让我们起飞，让我们辉煌，成就我们的梦想。品牌的塑造不是喊出来的，任何一个品牌的最终形成，都要经过千锤百炼。而一旦你的品牌得到认可，那么它将带给你巨大的收益和丰厚的回报，所以，请相信品牌的力量。同样对于那些已经拥有知名品牌的企业来说，更加应该注重对品牌的管理和维护。

理念二十一

没有文化的企业没有竞争力

理念二十一
没有文化的企业没有竞争力

打造企业核心竞争力，重视文化建设

　　一个企业没有文化，这个企业就没有了凝聚力，从而也会丧失了持久的竞争力。全球著名决策咨询研究机构兰德公司曾经做过关于企业核心竞争力的研究报告。在经过对数家跨国集团长达一年的研究之后，兰德公司把企业竞争力分为三个层面：第一层面是产品层，即企业生产产品及控制其质量的能力、企业的服务能力、成本控制的能力、营销的能力和技术发展能力；第二层面是制度层，即各经营管理要素组成的结构平台，企业内外人、事、物、环境、资源关系，企业运行机制，企业规模，品牌和企业产权制度；第三层面是文化层，即以企业理念、企业价值观为核心的企业文化、内外一致的企业形象、企业创新能力、差异化和个性化的企业特色、稳健的财务、卓越的远见和长远的全球化发展目标。第一层面是表层的竞争力；第二层面是支撑平台的竞争力；第三层面是最基础、最核心的竞争力。

　　企业文化是在企业发展过程中，根据企业自身的特点以及企业家的文化倾向所提炼出来的大家共同认可的精神方向和价值观。做企业就像是在平地上建一座高楼大厦，而企业文化就是这栋大楼的地基。众所周知，只有地基打得深厚、坚实，上面的建筑才能高而宏伟。所以说，一个企业想要做实、做强、做大、做久，就必须强调企业文化。

在西方企业界中有这样一个真实的故事：二战德国投降后，设于柏林的马格莱蒂公司的厂房被炸得只剩下残垣断壁，大部分的生产设施也都遭到了损毁。

劫后余生的公司总经理洛伦走到一片瓦砾前，望着一片狼藉的厂房泪如雨下，完了，他喃喃自语，工厂毁了，人也散了，一切都完了。默然伫立良久，他颓然地向大门走去，打算离开这个曾经承载着他的梦想，但此时却蕴满悲痛的伤心之地。可是就在他刚刚走到大门口的时候，奇迹出现了。一个落魄的中年人迎面向他走来，看了他一眼，惊讶地走向他："洛伦先生，是你吗？哦，上帝，能看到你简直太好了。您是来打算要重建公司的吧！我已经等了您很久了。"

洛伦几乎惊呆了，他真的无法相信这位饱经战火的员工竟然对公司还有着如此之大的期望。他的心中暖流涌动，片刻之前的沮丧又转化成昂扬的斗志和澎湃的激情。他握着那位员工的手，热泪盈眶，继而坚定地说道："太好了，即便只有我们两个人我也发誓要把公司重建起来。"

"怎么会只有我们两个呢？我们公司大部分的幸存者都赶过来了，我们相约每天轮流来这里等待您，今天轮到我。走吧，我带您去看看他们，他们一定会非常高兴的。"中年人欣喜地说道。

随后，洛伦跟随那位员工见到了存活下来的员工，他们看到洛伦都非常激动，互相拥抱庆贺。"洛伦先生，我们开始干吧，只要我们还在，一切东西都会回来的。"大家激动地对洛伦说。

就这样，不到五年，马格莱蒂公司便恢复到了战前的规模，十年后便成了实力雄厚的跨国集团。

马格莱蒂公司之所以能够从一片废墟中重新崛起，所依赖的并不是经济上的支撑，而是那种深植于每个员工心中的，积极向上的充满凝聚力和奋斗精神的企业文化。中国古语中有句话叫做"上下同欲者胜"，强调的就是统帅和士兵必须思想认识一致才能在战争中获胜。马格莱蒂公司正是因为拥有这样的文化，才能迅速崛起。

文化是一种氛围，就像空气一样，企业一开始就确定企业文化的基调，对以后的发展是非常有益的。企业没有文化就像人没有了灵魂，在新的环境下，要靠文化来维持大家的认同感、自豪感和归属感。企业文化建设是一个不断学习的过程，作为企业文化的倡导者只有勤于学习、善于学习并做到终身学习，才能够使团队成为学习型组织。随着企业的不断壮大，企业家也要与时俱进地更新自己的观念，适时地在企业文化中加入新的、有益的、适用的、科学的因素，更好地完善企业文化。

一个企业的规模越大，其文化凸显的作用就越大。一个企业越是处于危急时刻，其文化发挥的作用就越大。没有文化的企业，势必是无源之水、无本之木，难以发展壮大。企业要想拥有活力和战斗力，就必须建立起良好的心志模式，树立统一的企业文化，并使其上升为企业的一种核心竞争力。

领导者是企业文化的核心

《韩非子·二柄》载："故越王好勇，而民多轻死。楚灵王好细腰，而国中多饿人。"由此能看出国君的爱好对民风的影响可谓大矣！推广开来看，在企业文化建设中，也是同样的道理。企业文化建设中，企业员工处于主体地位，而企业家则处于主导地位，这是由企业家在企业中的特殊地位所决定的。在一定意义上说，有什么样的企业家就有什么样的企业文化。

某企业的老板上世纪80年代做个体运输。该老板颇为精明，在跑运输时就凭小聪明大发不义之财，攫取了第一桶金，然后该老板开始创业后，用各种手段聚敛财富，居然也将企业做到了资产数亿。这位老板有一个著名的"孙子理论"，经常教育员工"当孙子"，并不止一次在干部会上讲："我们要学会'当孙子'。'当孙子'包括两个方面的含义：在集团内部，员工要服从领导，听从指挥，不得顶撞上司，对上司要言听计从；在企业外部，对能给企业办事的人，能管住企业的人，对企业有用的人，要多说好话，需要请客就请客，需要送礼就送礼。"该老板正是凭借善于"当孙子"的本领攫取了第一桶金，又靠"当孙子"将企业做大。于是，在这样的企业文化中，企业中善于投机钻营、请客送礼之人大行其道，受到重用；而那些有真才实学的正直之士则靠边站，坐冷板凳，或者被迫离职。

我们简直可以预见到，有如此卑劣的老板和如此恶劣的企业文化的企业自然不会有长远的发展。于是，有一日，无良老板东窗事发身陷囹圄，企业也树倒猢狲散，关门大吉。

好的企业文化能在企业的周围形成和谐的人际关系，这种和谐人际关系的建立是由企业家组织协调的结果。企业家并不是站在群体的后面，而是要置身于群体之中去鼓舞员工为实现组织目标而努力。

通用电气公司的前 CEO 杰克·韦尔奇认为：企业家在企业文化的建设中最重要的是要将自身的理念传达给每一个员工。他花费 4500 万美元用于克顿维尔管理发展中心的建设，每月至少一次去演说和回答问题。在最繁忙的时候，韦尔奇承担这里四门课的教学，每次授课都在 3 个小时以上，每年学员约有 1000 名。韦尔奇在接任通用电气 CEO 之后的 19 年里只缺席过一次讲课。在这期间，他将 GE 的理念传播给每一个员工，从而对 GE 企业文化的营造和变革起到了至关重要的作用。对此，韦尔奇的接任者伊梅尔特说：“我的任务只有两项，一是传播思想，二是培养人才。”

企业家自身所具有的人格魅力或者文化素养，必定在企业的文化建设中起到关键的作用。比如，韦尔奇在 GE 竭力消除员工中普遍存在的满于现状、不思进取的精神状态，树立起积极进取的精神文化，营造了 GE 人“争强好胜”的企业氛围。又如，日本松下电器公司的“自来水精神”，就是由松下幸之助的创业精神延伸而来，让松下的产品像自来水一样源源不断地提供给社会。再如，澳柯玛的“没有最好，只有更好”；海尔的“敬业报国、追求卓越”等，都是在企业家的倡导之下，才树立的优秀的企业文化。

没有文化的企业做不大、做不久。管理一个小企业靠权威，管理一个中型企业靠制度，管理一个大型企业必须靠文化。这是三个不同层次的管理概念。企业做大了，就得靠企业文化，靠文化来维持大家的认同感、自豪感、归属感。

理念二十二

优秀企业离不开优秀的决策

理念二十二
优秀企业离不开优秀的决策

管理就是决策

世界著名的企业管理大师彼德·德鲁克认为，世界范围内的任何一家公司，无论是跨国集团还是名不见经传的小企业，每一家公司里各个层次的人每天都在作出会影响公司成败的决策。那么，谁是那个对公司的影响比其他人更大的人呢？毋庸置疑，就是管理者们。因为，在某种程度上，企业的管理者将制定增加或者损害公司利益的决策，而众多的嘉奖和责备都要由企业的管理者的双肩来承担。

美国著名管理学家西蒙曾经说过一句非常精辟的话——管理就是决策。通常，企业管理者们都意识到了他们有制定出好决策的责任。但是几乎没有人理解作为一名好的管理者同时也必须是一名好的决策者。人们通常都没有意识到如果一个优秀的决策管理者在场，那么制定一个好决策的机会将会极大地增加。

罗伯特·哈里是全球著名的企业营销咨询大师，他曾经讲过这样一个故事：

杰克曼是一家房地产公司的老板，他和罗伯特·哈里是很要好的朋友，有一天他非常郁闷地找到罗伯特·哈里，向对方抱怨自己的公司所面临的困境。

他说："连续几个月公司的销售额都很低，想了很多办法也没能改善。最后，我告诉我的那些销售经理们，如果能提高销售额，我就会发给他们比平常高50%的奖金，但他们似乎还是无动于衷。"

罗伯特·哈里听完之后就问他："那你是否明白他们为什么会有这样的表现呢？"

杰克曼想了想，说："公司最近为了提高售房数量，进行了新的决策调整，他们似乎都颇有异议。他们都认为现行的决策太过保守，但是他们的计划风险太大，所以我没有采纳。"

罗伯特·哈里笑着说："问题就出在这里了，你为什么不听一听他们的观点和意见呢？可能他们的意见更加适合。"

杰克曼想了想，决定按照罗伯特·哈里的建议去试一试。回到公司后，他要求每一位经理都说出自己的营销策略，并进行汇总分析，发现每一位经理的意见都和其他经理的不相同，这样自然不能形成最终的决策。于是，他最后宣布：每个人都可以按照自己的营销方案去做，公司最后按照业绩进行考核奖励。

一个月之后，杰克曼房地产公司的销售额竟然超过了他们计划半年完成的销售目标。杰克曼兴奋地把这个消息告诉给罗伯特·哈利，后者只对他说了一句话："只有争论，才有高论，只有意见不同，才有更好的主意出现。"

美国通用汽车公司前总裁艾尔弗·斯隆曾经在一次重要决策讨论会上遇到了这样的事情：当他把决策公布之后，与会者表示完全赞同这一决策，没有任何异议。所有的人都认为这项决策会顺利通过，但是艾尔弗·斯隆却突然宣布："现在休会，什么时候听到不同的意见时，我们再继续开会讨论决策。"这就是著名的"争议决策"，也被称为"斯隆法则"。

艾尔弗·斯隆认为，有争论才有高论，在没有不同意见时，不要作任何决策。

在他刚刚到通用公司的时候，通用汽车在美国的市场份额只有12%，他上任后，广开言路，坚持听取各种不同的意见，并提出了具有开创性的"争议决策"。在执掌通用帅印的33年内，艾尔弗·斯隆将通用的市场份额扩张到56%。

在总结这33年中对通用的管理经验时，艾尔弗·斯隆这样说道："一个企业能否成功，关键在于你的决策是否正确。如果决策正确，即使在执行过程中出现了偏差也是可以弥补的；如果决策错误，那么才是真正的失误，执行中再如何弥补也是不行的。"

在现代的企业管理中，很多管理者从不顾及公司内部其他员工的态度和意见，也不了解员工内心的真实想法，而是在任何决策中都实行独裁专制的政策。

一个优秀的管理者在作任何重大决策时，绝不会武断地作决定，他们总是希望自己听到更多的反对意见。因为不同意见的争论过程就是每个人发挥自己的主观能动性和创造性的过程。争议的存在更有助于对决策进行全面的分析，最后在不同的意见中权衡利弊，取长补短，在不断改进的过程中，最终使决策得以完善统一，避免由于决策失误，为企业带来难以挽回的损失。

一流的决策往往出现在恰当的时机

上个世纪80年代的时候，世界正处于严重的石油危机中，美国克莱斯勒公司的董事长抓住了这一时机，决定生产节能型的汽车。决策制定后，很快得到了迅速的实施，结果克莱斯勒公司推出的节能型汽车受到了消费者的欢迎。正是由于这个决策在恰当的时机作出，才使克莱斯勒公司扭亏为盈，并一举跃升为美国第三大汽车公司。

前苏联的管理学家基多夫曾经提出著名的基多夫定理，定理指出：即使是最好的想法，如果提出的时机选择不当，也会化为乌有。

对于一个企业的领导者来说，正确的决策往往在恰当的时机提出才有效果，就算你有好的想法，但是提出的时间不对也会导致最后决策的失败。

抓住决策的最佳时机既是领导者在决策中必须遵守的原则，也是领导者进行决策时必须具备的能力。一个决策的正确与否是不可能离开具体的时间、地点和条件的。如果脱离了这些条件，往往真理就会成为谬论，好的也会变成坏的。机不可失，失不再来。这是每一个人都明白的道理，事实证明，当管理者面对适当的决策时机而犹豫不决时，往往就会坐失良机。

福特汽车公司的前总裁艾柯卡在与他的接班人菲利普·考德威尔聊天的时候开玩笑说："你存在的问题就是你上过哈佛大学，你所受到的教育是：在没有获得全部的事实根据之前不要采取任何的决策和行动。即使你已经得到了 95% 的事实根据，但你仍然会花费 6 个月的时间来获得其余 5% 的信息，而当你得到 100% 的全部事实根据时，这个正确的决策已经过时了，成了错误的决策，因为所有的情况都随时间发生了变化。因此，我不得不承认，正确的决策在错误的时间提出就是错误的，会使你坐失良机，损失巨大。"

企业的领导者在进行一项决策之前要慎重地考虑后果和风险，这是无可厚非的事情，但是在作每项决策时都要确保十拿九稳，万无一失，是很难做到的，因为任何一项正确的决策，都有其自身的环境限制，一旦时过境迁，所有的决策都是过期的。

作为一名优秀的决策者，在制定决策时一定要抓住最佳时机，果断而勇敢地下决定。

决策， 并不是领导者一个人的事情

一家日化用品生产公司，由于竞争对手的恶意竞争，导致本企业生产的牙膏出现滞销现象。于是，公司的决策层动员全体员工商讨如何提高牙膏的销售量。如果谁能提供出良好的解决办法，谁将会得到一张 5 万美元的支票。

随后公司收到了各种各样的建议，最终一位年轻人的建议被采纳了。年轻人的建议很简单，只是将牙膏筒的口径增加一毫米，但这区区的一毫米却让公司的销售额翻了一倍之多。当然，这位年轻人最后获得了 5 万美元的高额奖励，但是相比公司获得的利润，这 5 万美元简直不值一提。

法国的威望迪集团的董事长玛丽·莫西尔认为："企业的管理者不应该是唯一的决策者，因为优秀的管理者未必是优秀的决策者，作为一名出色的管理者，应该鼓励自己的员工出谋划策，并给予他们适当的奖励，这远比让员工集资改善企业困境要有效得多。"

对于一个企业来讲，重要的决策是由高层管理者制定的，他们确实对决策的整体把握和某一产品是否具有潜在的市场商机这一点上更具有洞察力和分析力，但是，如果这一决策能够充分利用员工的智慧，无疑会变得更加完善，因为每个人都可能会有自己独到的见解。

杰克·韦尔奇就十分重视利用员工的智慧。在他刚刚担任通用电气 CEO 的时候就实行了"全员决策"的制度。他认为，公司管理太多，而领导太少，其实员工对自己的工作要比老板清楚得多，所以员工做事情的时候，老板不要总是大加干涉，这会影响员工的积极性和工作的效率。

在通用公司实行"全员决策"之后，减少了公司内部很多繁琐的程序，使很多中层领导和员工都有了和上层领导交流和沟通的机会；同时员工也感觉到自己和企业生死与共，自己就是企业的主人，因此他们会心中想着企业，在企业遇到困难的时候，竭尽全力地为企业出谋划策。通用电气正是因为实行了这一策略，所以才在经济不景气的情况下依然能够发展壮大。

理念二十三

优秀的决策更要靠一流的执行

理念二十三
优秀的决策更要靠一流的执行

实现梦想，需要切实的行动

1907 年，正当美国发生经济大恐慌的这年圣诞节，康拉德·希尔顿在美国新墨西哥州圣—安东尼奥镇堆满杂货的土坯房里对他的母亲说："我要集资 100 万美元，盖一座以我的名字命名的国际化的大饭店。"又指着报纸上一大堆地名说："我要在这些地方都建起旅馆，一年开一家。"母亲笑了笑，抱着他说："亲爱的康拉德，我相信你的梦想一定会实现的。"这一天正是康拉德·希尔顿 21 岁的生日。

康拉德·希尔顿在他生日的时候说过的这些话，并非是那些可有可无的生日愿望，而是他矢志不移渝想要实现的梦想。有了梦想就要去行动，康拉德·希尔顿一直都奉行这样的行事准则。在那之后的十年中，康拉德·希尔顿一直在孜孜不倦地学习着各种酒店经营与管理的知识，并在一些当时很出名的饭店中工作。1918 年的时候，他觉得自己有能力去经营一家国际性的大饭店了。虽然，他当时只是筹措到了 100 万美金的十分之一。谁都知道，这点钱只够开一家小旅馆，而他梦想中的豪华的大饭店起码要 100 万美金。他自然想到了到银行去贷款，但是他没有任何实物抵押，银行不会给他一分钱。就在他处处碰壁，一筹莫展的时候，突然有一个想法冒了出来：我为什么不能和那块土地的所有者谈谈呢，如果可以的话我可以以此作为抵押，然后再向银行贷款，这样资金的问题就顺利解决了。

经过详细的计划和准备，第二天，康拉德·希尔顿就带着厚礼来拜见自己看中的那块土地的拥有者，经过反复的协商之后，那块地的主人终于同意把地租给康拉德·希尔顿。于是，后者拿着相关的证明到银行如愿以偿地贷到了所需数额的资金。一年之后，也就是 1919 年，这家叫做希尔顿的饭店正式开业了。

1928 年，也是圣诞节，时间过去了 21 年，康拉德·希尔顿 41 岁生日这一天，他在 21 年前许下的愿望全部实现了，并且速度大大超过了预期。在达拉斯阿比林、韦科、马林、普莱恩维尤、圣安吉诺和拉伯克都相继建起了以他的名字命名的饭店——希尔顿饭店。

康拉德·希尔顿成功的故事告诉我们，一个人拥有美好的梦醒固然重要，但是如果缺乏具体的行动，梦想就会成为不切实际的空谈，也不会有实现的一天。管理企业也是如此，确立目标之后，只有拥有极强的执行力，有不折不扣的行动，才可能使目标和梦想变成现实。

美国 IBM 公司的前副总裁罗杰斯指出：许多企业失败的根源在于企业本身不能有效地改变自己，不具备有效而完美的执行能力。对目标怀有美好的构想虽然值得推崇，但是真正要实现梦想，还是需要实实在在的行动。一个企业，拥有伟人的目标，拥有出色的决策和战略，这些固然重要，但是如果缺乏严格的执行力，再好的梦想、再出色的策略都是空中楼阁。

一个企业要想发展，除了拥有好的策略、知名的品牌、先进的技术，更重要的是这个企业是否具备出色的执行能力。执行力是企业实现远大目标必备的途径和手段，在当今市场中，两个企业间的竞争大多数的时候都是执行力的竞争。谁的执行力更强，谁就能取胜。

让杰出的理念有杰出的执行

在这个越来越强调创意策略的年代，平庸的策略是最大的错误，只能将工作引向失败。然而策略的杰出并不能保证企业的完全胜出，其中很重要的一点就是需要与之相匹配的杰出执行。

美国企业家 H. 格瑞斯特说："杰出的决策必须加上杰出的执行才能奏效。"巴克、沃尔玛、通用电气、IBM、微软、戴尔等企业的成功，都与其杰出的执行力有着直接的关系。一个组织要创造价值、实现利润，都要靠行动。没有杰出的执行，再好的策略也只是空谈。

东北一家国有企业破产，被日本财团收购。厂里的人都翘首盼望着日方能带来让人耳目一新的管理办法。出人意料的是，日本人来了，却什么都没有变。制度没变，人没变，机器设备没变。日方就一个要求：把先前制定的制度坚定不移地执行下去。结果不到一年，企业扭亏为盈。日本人的绝招是什么？是执行，全体无条件的执行。

为什么同样的制度、同样的设备、同样的人员却最终出现不同的结果？这就是企业对于执行力的不同态度所造成的结果。

《伊索寓言》中有这样一则故事非常发人深省，说是一户人家中老鼠猖獗，主人就买了一只猫回来。那是一只黑猫，从头到尾都黑如墨一般，没有一根杂毛。而且非常强壮，爪牙也都锋利无比。老鼠们当然不知道家里来了个煞星，夜里依然悠哉悠哉地出来活动，结果在第一天夜里就有十多只老鼠命丧猫口。

于是，老鼠们召开研讨会共商对付黑猫的办法。有的建议加紧研制毒药，有的说干脆一齐扑上去把黑猫咬死。最后，还是老奸巨猾的鼠王提出了一个与众不同的想法："老鼠杀猫是不可能的。如果不能杀死它，就应设法躲避它。咱们推选出一名勇士，偷偷地在猫的脖子上挂个铃铛。这样一来，只要猫一动就会有响声，大家就可以事先躲起来。"老鼠们公认这是个很好的想法。但怎样执行呢？高额奖金、颁发荣誉证书等办法一个又一个地被提出来，但讨论来讨论去，老鼠们也没有找到一个敢于执行这一决策的勇士。最终，这些老鼠大部分都成了那黑猫的美餐，侥幸有几只没被吃的也赶紧搬了家。

杰出的理念必须要有杰出的执行。故事中的老鼠王所提出的确实是一个别出新裁的出色决策，但是却苦于没有老鼠去执行。有好的决策却不能执行，再好的决策也只能是空想。同样，对于企业来说，管理者有了决策，但因脱离了实际，无法执行，最终也无济于事。因此，在使员工执行决策之前，管理者首先要根据本企业的实际作出科学的决策，保证计划切实可行。

有一个农夫一大早起来，告诉妻子说要去耕田，当他走到田地时，却发现播种机没有油了；原本打算立刻要去加油的，突然想到家里的母猪还没有喂，于是转回家去喂猪；经过仓库时，发现篮子里面有几个马铃薯，就想起马铃薯可能正在发芽，于是又走到马铃薯田去；路途中经过木材堆，又记起家中需要一些柴火；正当要去取柴的时候，看见了一只生病的鸡躺在地上……农夫这样来来回回跑了几趟，从早上一直到太阳落山，油也没加，猪也没喂，田也没耕……很显然，最后他什么事也没有做好。

这个故事可以使我们明白，一个企业拥有完美的策略、计划固然重要，但是如果不具备严格的执行力，再好的策略也无法实施。如果把这个农庄比做一个企业，把农夫看做企业管理者，出现上面故事中的情况，那就是因为管理者没有对如何解决企业里的种种问题事先作统筹安排，没有确立明确的目标和实现目标的先后顺序，即没有良好的流程规划，只顾手忙脚乱地头痛医头，脚痛医脚。因此，作为决策者，管理者缺乏执行力，他的企业就必然没有竞争力；同时，作为执行者，他没有定力，没有完成一个任务所必须具备的恒心，而是三心二意，自然将导致一事无成。

决策的实施是靠执行力，执行力是企业成败最关键的因素，因为只有执行力才是真正直接对结果产生作用的力量。作为企业的管理者，不妨站在"农夫"的位置上，认真审视一番，思考一番，你是否能够真正把执行力运用到位呢？

作为一名企业的管理者，你应该知道，所谓的执行力并不只是简单的行动力，而是一个系统的问题。要使执行力得到有效落实，不但要制定切合实际的目标，形成创新求变的执行理念，还要作好团队的分工、协作工作。"三个和尚没水喝"的故事妇孺皆知。和尚多了反而没水喝了，这不能单纯地理解为几个和尚懒惰，而是涉及到和尚在运水时的分工与合作问题。在企业管理中也是如此，如果没有合理的分工、有效的合作、严格的监督与奖惩，就容易造成相互推诿的现象，致使执行效率低下。

所以说，没有执行力的团队就没有竞争力，就不会长久，不是在激烈的竞争中"落伍"就是在市场经济大潮中"死掉"！而只有那些执行力得当的团队才具有竞争力，才可能在竞争中立于不败之地。无数"铁"的事实已证明，那些在激烈的竞争中能够最终胜出的企业无疑都是最具有执行力的，看看成功的企业吧：GE、IBM、戴尔、沃尔玛等都是如此。

理念二十四

发挥团队力量，重视团队管理

理念二十四
发挥团队力量，重视团队管理

推诿和敷衍是损害团队效率的主要因素

1964 年 3 月的时候，在美国纽约的中央公园中发生了一起震惊全美的谋杀案。凌晨 3 点，一位年轻的酒吧女经理受到凶手追杀，在长达半个小时的犯罪过程中，受害者不停地呼救奔跑，有 38 户居民听到或看到了，但仅仅是听到了和看到了，没有一个人出来阻止，甚至连一个举手之劳的报警电话也没人打。这件事情被美国的各大媒体披露之后，社会舆论几乎是众口一词地谴责纽约人的异化和冷漠。但就在这些谴责的舆论达到高潮的时候，华盛顿大学的两位心理学家却提出了与众不同的观点，他们认为这次事件的原因应该还有更好的解释，不能将所有的过错都归咎于纽约人的冷漠上面。为此，他们专门做了一项实验来证明自己的观点。他们寻找了 72 名不知情的参与者和一名假扮的癫痫病患者参加实验，让他们分别组成两人一组和四人一组，彼此之间相互隔绝只靠对讲机联系。实验结束之后，果然出现了让人很震惊的统计数据。当 72 名参与者在交谈的过程中，那位假癫痫病人在呼救时，两人一组的人群中有 85％ 的人冲出去报告有人发病，而在四人一组的人群中，只有 31％ 的人采取了行动。通过这个实验，人们对中央公园的事件有了合理的心理学解释。那些听到受害人呼救的居民之所以没有采取任何行动，是因为他们下意识地认为，其他人会行动。正是因为有其他的目击者在场，才使得每一位旁观者都无动于衷。

这就是著名的华盛顿合作定律的经典案例：一个人敷衍了事，两个人互相推诿，三个人则永无成事之日。实际上，华盛顿定律充分地证明了企业管理中一个最让领导者困扰的现象，那就是团队中的敷衍与推诿。

在当今的社会中，早已经不是光靠个人的单打独斗就能够获得事业成功的年代了，想要成功就必须依靠团队的力量。有一句话说得好，一滴水只有放在大海中才不会干涸。同样，一个企业的管理者和领导者如果不能管理好一个团队，即便这个管理者再有能力也不会成功的。一支优秀的团队不仅能带给领导者更多的成绩和丰厚的回报，同时也能让每一名团队成员获益良多。优秀的团队具备优秀的工作效率，管理者要想拥有一支高效的团队，就要处理好团队成员之间的推诿和敷衍，因为它们是损耗团队效率的主要因素。

其实，所谓的华盛顿合作定律，类似于中国流传久远的一句俗语：一个和尚挑水喝，两个和尚抬水喝，三个和尚没水喝。在企业管理中，如果管理者管理不善，同样也会出现"三个和尚没水喝"的情况。例如，在一个工厂中，只有一个厂长管理整个工厂的事情，他感觉到自己有点累，于是又聘请了一个副厂长来分担，但却依然感觉很忙很累，就又请了第二个副厂长。但是，当这个企业有了三个厂长的时候，最后却变得更加繁忙了，每一名厂长都觉得那些工作是另外两名厂长应该做的，于是在工作上互相推诿敷衍。这个时候，厂子的真正领导者无奈地发现，自己一个人管理企业的时候，虽然累点但是效益很好，现在三个人一起管理，工作一点没见少，依然很累，但企业的效益却大不如前，于是，他只能将另外两名厂长辞退，恢复成之前的一个人管理。这一现象告诉我们，在一个人单独完成工作的时候，由于别无选择，所以人的主观能动性就比较高，而且内耗能量较少，但当与人合作的时候，就会推脱责任，不会充分发挥自己的能力，人越多时这种现象就越严重。

企业管理者要想解决团队中这种互相推诿敷衍的情况，就要建立一支科学的合作团队，团队之间分工明确，奖罚分明，并能够在合作的过程中不断提高每个人的素质和团队精神。管理者还应该确定清晰明确的团队发展方向，让每一名团队成员都明确目标和方向，这样才能使整个团队步调一致，齐心奋斗，才可以产生团队合作效率的最大化。

清除团队中的"害群之马"

在西方的企业管理界中有一条定律叫做"酒与污水定律"，意思是一匙酒倒进一桶污水，得到的是一桶污水；把一匙污水倒进一桶酒里，得到的还是一桶污水。显而易见，污水和酒的比例并不能决定这桶东西的性质，真正起决定作用的就是那一匙污水，只要有它，再多的酒都成了污水。

"酒与污水定律"来自西方，其实在我们中国也有类似的谚语：一块臭肉坏了满锅汤、一粒老鼠屎坏了一锅粥、一条臭鱼坏了一锅汤。

我们发现，无论是来自西方的定律还是中国的谚语，已经把负面影响的始作俑者作了准确的定性：污水、臭肉、老鼠屎、臭鱼。这些已经定型的东西已经没有改变和改造的可能。污水注定不可能成为美酒，臭肉也不能成为新鲜肉，臭鱼又怎么可能成为好鱼呢？既然如此，就要及时处置。

中国的文化中将这些会影响到整体的负面因素形象地称之为害群之马。虽然，每一名管理者都对团队中的害群之马深恶痛绝，但是不可避免，几乎在任何团队和组织中都会存在这样的人物。在我们看来，他们存在的目的似乎就是为了把事情搞糟。他们到处搬弄是非，传播流言、破坏组织内部的和谐。最糟糕的是，他们像苹果箱子里的烂苹果，如果你不及时处理，它会迅速传染，把果箱里其他苹果也弄烂。"烂苹果"的可怕之处在于它那惊人的破坏力。一个正直能干的人进入一个混乱的部门可能会被吞没，而一个人无德无才者能很快将一个高效的部门变成一盘散沙。组织系统往往是脆弱的，是建立在相互理解、妥协和容忍的基础上的，它很容易被侵害、被毒化。破坏者能力非凡的另一个重要原因在于，破坏总比建设容易。一个能工巧匠花费时日精心制作的瓷器，一头驴子一秒钟就能毁坏掉。如果你的团队中有这样一头顽劣的"驴子"，那么即便是拥有再多的能工巧匠，也不会有多少像样的工作成果。而此时你的工作就是马上把这头驴子清除掉。

从经济学的角度看，企业就是个人的集合体，企业的整体效率取决于其内部每个人的行为，这就要求这个集合体内的每个人都能发挥最大效能，以保证团队的整体步调一致，动作协调。在团队中，总难免会有污水，而污水又总会给团队带来各种各样的矛盾和冲突，这就要求企业管理者要掌握酒与污水的冲突与协调的技巧。酒和污水在一个组织中也存在着相互博弈的过程。现代企业管理中的一项根本性的任务，就是对组织中的人才加以指引和筛选，剔除具有破坏力的"污水"，使合格者的力量指向同一目标，这就是人才的运作。尽管要做到这一点很难，但只要找到合适的途径，就能顺利扬起企业的奋进之帆。

团队协作才能打造优秀团队

英国的几名生物学家曾经做过这样的一个实验：他们把七八只黄蜂同时关进一个密闭的小木箱里，几天以后打开木箱，发现木箱的四壁多了七八个小洞，每个小洞中都有一只已经死去多时的黄蜂，而这些小洞，最浅的也超过木板厚度的一半……

某地连着下了好多天的暴雨，导致山洪暴发。洪水冲开堤坝，使得原本的平原变成一片汪洋。生活在这片土地上的蚂蚁即将遭到灭顶之灾，但它们却没有被全部淹死，而是紧密地抱成一团，形成一个蚁球，顺着水流飘荡，等到遇到陆地的时候就立刻分散开，重新建造自己的家园。

本来能够逃生的黄蜂为什么会死掉，而本来无法逃生的蚂蚁最终却逃过劫难。相对于蚂蚁来说，黄蜂无疑是强大的，但是他们个体的强大终究无法逃过死亡，而弱小的蚂蚁却凭借团结和合作得以存活。

优秀的团队最应该具备的就是团结和协作的精神，对一个企业来说，团队的精神远远要比精英意识更为重要，更有价值。在危难关头，最终能够帮助企业走出困境的不是那些各自为政的精英，而是一个坚强、勇敢、精诚合作的团队。

非洲大草原上生活着三只豺，它们分工合作，咬死了强过它们若干倍的大斑马。三只豺是怎样打败大斑马的呢？说来也不难，其中的一只豺用力咬住斑马的尾巴，一只死死咬住斑马的耳朵不放，一只紧紧咬住斑马的腿不松口。时间一久，斑马体力不支，自然就成了豺口中的美餐。

这就是合作的力量。我们知道狼是群动之族，在狩猎的时候，只要确定目标，狼群就会群起而攻之。头狼发布号令之前，群狼各就各位，各司其职，嚎声起伏而互为呼应，默契配合，有序而不乱。头狼昂首一呼，则主攻者奋勇向前，佯攻者避实就虚而后动，后备者厉声而嚎以壮其威……独狼并不强大，但当狼以集体力量出现在攻击目标之前，却表现出强大的攻击力。在狼成功捕猎的众多因素中，严密有序的集体组织和高效的团队协作是其中最明显和最重要的因素。

在团队中，每位成员的工作，都有相对的独立性，又都与全局相关联，如果一个人只顾自己，不顾他人，不肯与他人协作，势必会影响团队的战斗力和整体形象。人们常说：立足本行如下棋，输赢系于每个棋子，"一招不慎，满盘皆输"，如果整个棋局都输了，再有力量的棋子也没有什么用了。

同心山成玉，协力土变金。成功，需要克难攻坚的精神，更需要团结协作的合力。一个单位，如果组织涣散，人心浮动，人人各行其是，甚至搞"窝里斗"，何来生机与活力？又何谈创业？在一个缺乏凝聚力的环境里，个人再有雄心壮志，再有聪明才智，也不可能得到充分发挥！只有懂得团结协作的人，才能明白团结协作对自己、对别人、对整个单位的意义，才会把团结协作当成自己的一份责任。

理念二十五　恰当处理团队中的个人"英雄"

理念二十五
恰当处理团队中的个人"英雄"

个人英雄主义与团队精神可以不矛盾

个人英雄主义和团队精神的矛盾，其实就是人本性和人的社会化之间的矛盾。一个好的团队应该鼓励和正确引导员工个人能力的最大发挥和个人英雄主义欲望的正常展现。

当前很多企业的领导者对"优秀人才"的定义往往是：具备相关专业知识和工作经验，具备很强个人能力和团队精神。但"个人能力"和"团队精神"其实是一对儿不可调和的矛盾，实际工作中，企业管理者不得不面对的现实是：自己必须花70%甚至更多的精力去处理内部员工和部门之间的关系，说白了，就是"个人能力"和"团队精神"的协调问题。

"个人英雄主义"在工作中往往表现为个性的彰显，更包含有创造性的工作，以及企业员工勇于面对压力和敢于承担责任的勇气。企业员工个人能力的最大发挥，其实是"个人英雄主义"的最好体现。给他一个施展、表现自己才能的机会，这会给企业带来什么麻烦呢？只会带给企业永不枯竭的创新能力。

一个好的团队应该鼓励和正确引导员工的个人能力的最大发挥和"个人英雄主义"欲望的正常展现。如果展示在你面前的是由一个个英气勃勃、个性凸显的"个人英雄"组成的团队，你不认为这个开放和宽容的团队才是企业活力的源泉吗？

团队精神强调团队内部各个成员为了团队的共同利益而紧密协作，从而形成强大的凝聚力和整体战斗力，最终实现团队目标。而个人英雄主义则强调充分发挥团队内部每个成员的主观能动性、独立性、积极性和创造性，最大限度地挖掘成员的个人潜能，实现个人价值的最大化，最终推动团队业绩的整体提高。所以团队意识和个人英雄主义是一对儿辩证又统一的矛盾，但二者的最终目的却具有同一性。

团队精神和个人英雄主义虽然是相互矛盾的，但矛盾是可以共存的，也是可以互补的，更是可以互相转化的。团队精神需要大伙儿团结一心、步调一致；个人英雄主义需要充分发挥每个人自身独特的能力。其目的就是为了实现我们共同的理想、达到我们共同的目标，只是所采取的方法不同而已。正所谓条条大路通罗马，目标只有一个，即取得最终的成功。

团队意识和个人英雄主义二者在特定的条件下同时存在必然会产生一定的冲突和矛盾。如果处理不当，势必会影响团队的整体战斗力。根据团队利益至上的原则，个人英雄主义必须永远服从于团队利益，必须在维护团队利益的前提下，发扬个人英雄主义。否则过分压制个人英雄主义的发扬，团队就会缺乏创新力，跟不上市场形势的发展；过分强调个人英雄主义，就会形成成员之间缺乏合作精神，各自为政，目标各异，个人利益就会占据上风，团队利益就会被淡化，整个队伍很可能成为一盘散沙。

要想使"个人英雄主义"得到适当发扬，还需要依靠一定的组织机制和制度去规范、约束。正如法律和伦理对人的社会行为的规范一样，合理而有力的制度约束对"个人英雄主义"并不构成威胁，反而能从制度上更大程度地保证每一个"个人英雄"的魅力和能力的充分体现。

处理好团队意识和个人英雄主义关系的方法

张涛是国内某知名白酒品牌在华南某地分公司的总经理，年前刚刚走马上任。上任之后，通过一段时间的观察，张涛发现公司内部的其他员工都很好，唯有一名叫做于翔的员工总是让他感觉不舒服。虽然后者在市场上敢拼敢打,是一名虎将,但却自恃学历层次高、工作能力强、销售业绩好,在张涛面前狂傲不已,作风散漫,不太愿遵守公司纪律,还经常在公开场合反对他的意见,严重地影响到了整个团队的氛围和凝聚力。为此,他一直都想找个理由把于翔开除,但是在咨询过一位很著名的企业管理专家后,他放弃了辞退于翔的想法。

那位管理专家根据张涛的描述,深入地分析了导致于翔在公司中特立独行的几种可能的原因:

原因一:张涛刚上任不久,二人缺乏深入的沟通和了解,于翔的才干没有得到充分展示,以致于他认为张涛的才能不如自己,从而导致对张涛的轻视;

原因二:前任经理是否存在严重的官僚主义,曾过多地向下属发号施令,使于翔对领导产生反感情绪,这种情绪延续到张涛身上;

原因三:于翔的才能没有受到充分的重视和关注,自己的期望值没有充分实现,从而产生了失落感;

原因四:于翔在工作中没有受过大的挫折,工作比较顺利,压力不大,而周围比他水平高的人很少,自骄情绪严重;

原因五:于翔个人英雄主义占上风,对自己的期望值较高,表现欲较强,独立性较强,而团队意识较差。

然后该专家又向张涛作出了关于于翔的客观评价:

评价一:于翔是一匹烈马,只要调教好,远比一头柔顺的驴子强;

评价二:于翔的个性很强,创造性思维也很强,具有优秀营销人员的天赋;

评价三:于翔这种人往往心直口快,心胸较开阔,有点江湖义气,调教得当,可以成为忠臣良将。

接着该专家又为张涛提供了解决问题的详细对策:

对策一:作为管理者,张涛首先要心胸开阔,拿出领导的风范,主动与于翔沟通,以礼相待,以诚相待,用自己的人格魅力去感化他;

对策二:在工作之余,张涛应多与于翔沟通,加深私人感情,比如周末主动请他去喝茶、听歌；

对策三：工作上重视他的存在，对本区域市场上一些重大问题，多征求他的意见；

对策四：交给于翔更具挑战性的工作，比如把最困难的市场交给他去开拓，但绝对不是给他"穿小鞋"；

对策五：向上级领导推荐他，让周围的同事主动接近他，并在公开场合恰当地对他的优点和成绩进行肯定和表扬；

对策六：给他灌输团队意识和其重要性：只有大家团结合作，共同拼搏才能取得更大的成绩。

张涛接受了建议，并开始主动去接近于翔。一开始的时候，于翔自然对张涛怀有一定的戒心，并不太合作。但是，张涛并没有放弃，一直坚定不移地坚持着。所谓精诚所至金石为开，过了不久，于翔看到张涛是真诚的，就放弃了戒心，积极与张涛进行沟通。通过接触张涛了解了许多他并不知情的事。原来前任经理心胸狭窄，看到于翔比他水平高，就处处压制他，为难他，导致于翔自尊心受到很大伤害，对领导缺乏信任感，认为领导只不过是指手划脚而已，没有什么大不了的，所以对新上任的张涛也缺乏好感。但于翔的上进心和事业心、表现欲较强，心里不服气，故而处处表现出不合作的态度。

此后，张涛虚心地同他探讨市场问题，请他一同制定市场方案，邀他一同考察市场，下班后请他吃夜宵，增进感情。经过半年时间的磨合，二人成为了非常要好的朋友，业务员成为经理的参谋和助手，经理成为业务员的好向导。于翔也不再心高气傲，对人非常友善谦虚，团队意识非常强，工作的积极性和主动性也大大提高了。二人通力合作，使几个不好的市场起死回生。因为，于翔的能力和成绩，张涛任命于翔担任本部门的培训师，每周对全体业务员进行一次理论知识和业务技能培训。此外，张涛还积极向总经理推荐于翔，由此，公司把于翔树为典型，并进行了奖励和表扬，号召全公司营销人员向他学习。

后来，于翔经过总公司的考核后被擢升为另一个区域市场的经理。每当提起张涛，于翔总是说自己事业上的进步，离不开张涛的真诚关心和帮助，对他非常感激。

事实上，无论你承认不承认，每一个组织和团队中都会有那么一两个才能卓越，但却特立独行的"刺儿头"，例如事例中的于翔。可以说，相对于其他员工而言，于翔这类的员工在企业中表现得更加出色，为团队和组织带来的回报也很客观，但是不可忽视的是由于他们的锋芒毕露，而导致个人英雄主义同团队意识发生了冲突。

毫无疑问，团队意识的强弱决定了团队的整体战斗力，而个人英雄主义是消弱团队意识的一个重要因素。当然个人英雄主义并非是有百害而无一利的，事实上，当一个团队在实现一个具有挑战性的目标的过程中，可能会遇到障碍，出现进展停顿等局面，这个时候个人英雄主义往往有助于打破僵局，冲破障碍，推动团队前进。所以，如何处理好团队中的个人英雄主义和团队整体意识的关系是企业管理者在管理团队的时候应该注意的方面。

作为一名企业的管理者，应该如何处理好团队中的个人英雄主义和团队整体意识之间的关系呢？我们可以从以下两个方面来着手。

第一，企业管理者在处理二者之间的关系时，首先要坚持"团队意识第一，个人英雄主义第二"的原则，在团队中牢固树立团队利益至上的思想。管理者要加强对团队成员的宣传和教育，尤其是在对新成员的培训中，要重复灌输团队利益至上的思想，只有整个团队业绩提高了，自己的才能才会得到最大限度的发挥，人生价值才能得到最大限度的实现；要加强成员之间的沟通与合作，强调整体作战的重要性，充分发挥每个成员的才能；让每位成员都充分认识到自己离不开团队，团队离不开自己，不断增强成员的责任感和使命感，进而不断提高成员的团队意识，形成强大的凝聚力和战斗力，形成一个锐不可当，攻无不克的优秀团队。

第二，企业管理者应该正确引导团队成员发扬个人英雄主义。要让团队成员真正理解个人英雄主义的内涵和实质，以及正确发扬个人英雄主义的重要意义。在工作中要合理授权，给下属更多自由发挥自己主观能动性的机会；对工作中遇到的难题要集思广益，积极征求成员的意见，充分发挥成员的创造性思维，在工作上不断创新和提高；要让成员在遇到困难时放弃"等、靠、要"的依赖思想，充分发挥主观能动性，创造性地开展工作。通过个人英雄主义的有效发挥，能提高成员独立作战的能力和市场竞争意识，个人的综合素质会得到很大的提高，团队的战斗力也会大大增强。

理念二十六

客户至上，服务第一

理念二十六
客户至上，服务第·

客户是企业永远不能忘记的人

世界管理学大师彼得·德鲁克说："顾客是企业唯一的利润中心。"

如果把企业比喻成一棵枝繁叶茂的大树，那么客户就是这棵树的树根；如果把企业比喻成一幢高耸的大厦，那么客户就是这幢大厦的地基；如果把企业比喻成一泓潭水，那么客户就是潭底的那眼清泉……

在商界之中，一个人之所以能成功致富，是因为有太多的客户帮助他创造财富。在商场中，你的产品有多少的客户，你就会有多少的财富。不管是谁，不管你能力如何，如果你想成功致富，那么必须开发大量的客户，因为只有客户才能让你成功致富。

无论你的产品是无形的理念、创意，还是其他的实体产品，实际上，我们销售的都是一种信念。客户相信你，他自然向你购买，并不需要你讲多少。相反，如果客户不相信你，那么你说得再多也没有用。

在当今的市场中，所有的产品都有市场，我们做什么并不重要，重要的是我们所做的事情是否得到了客户的认可。客户是否愿意拿出钱来购买我们的产品和服务，一个企业的成功依靠的是每天有大量的客户购买其产品和服务。

在商界中，我们会看到，有时候成功者与失败者之间并没有什么判若云泥的差别，他们的区别甚至仅仅在于成功者是在不断地提高自身的能力来更好地服务客户，所以他的客户越来越多，而企业之所以失败，是因为以前购买其产品和服务的客户，由于没有得到好的产品和服务，而慢慢地离它而去。一个企业发展的好坏，发展的快慢，关键在于企业提供给客户的服务和产品是否有价值。

作为一名企业的管理者，你应该清楚，如果你想获得成功，关键的一点就是为客户提供超值的产品和服务。企业经营者要经常扪心自问，我们每天花了多少时间、精力和金钱为客户服务？我们愿意为客户付出多大价值的服务？我们每天所做的事有多少是与客户有直接关系的服务？

对于企业来说，只有客户才能为其带来财富。不管我们每天做了什么，忙了多少，只要客户不接纳，那么我们工作就没有效率。所以我们每天检讨工作最重要的一点就是我们今天为客户做了些什么？做对了什么？做好了什么？只有我们真诚地服务好每一位客户，才能使自己获得更多的财富。

客户对我们如此重要，但是我们却经常能看到很多商家在市场中喜欢跟客户计较，其实，这是最愚蠢的做法，因为你在客户那里计较得越多，实质上得到的回报越少。

作为企业的管理者，你要清楚我们的一切都是来源于客户的，所以，我们要学会吃小亏而占大便宜，而不要反过来做。因为我们需要客户为我们创造财富，如果我们过多地跟客户计较，那么显然是与财富过不去。所以我们为了公司的利益和个人的利益，完全可以在适当的时候，在客户面前作适当的让步。人心都是善良的，每个人都有知恩图报的心理。如果我们的工作做得好，每一个细节都让客户感动，并远远超出了客户的期待，那么他们会成为我们的忠实顾客。因此我们一定要意识到，只有客户才能为我们创造财富。企业不管做得有多大，永远不要忘记客户。

想要留住客户，请让客户满意

在北京，提到吃火锅，有一家叫做"海底捞"的火锅店被人们津津乐道。"海底捞"来自四川简阳，创建于1994年，以经营川味火锅为主。短短十多年的时间里"海底捞"得到了飞速的发展，如今，在北京、西安、郑州、上海等全国各大城市，都可以看到"海底捞"的身影。

2006年6月23日，200名来自百胜中国的区域经理将年会前聚餐的地点选在了"海底捞"位于北京牡丹园的分店，与其他客人不同，他们拒绝了提前点餐，执意观摩整个服务流程，对服务员的兴趣远大于火锅本身。这顿饭的目的是"参观和学习，提升管理水平"。中国IT界的巨头联想集团也曾邀请"海底捞"的董事长张勇前去讲课。IDG、国金证券、老虎基金等业内著名的风投公司也都想要入股这家火锅店……

是什么让这家火锅店如此名声显赫呢？按照董事长张勇的一句话来说，就是服务比别人好一点点。

这一点点究竟好在哪儿呢？

比如，每一家"海底捞"门店都有专门的泊车服务生，主动代客泊车，停放妥当后将钥匙交给客人，等到客人结账时，泊车服务生会主动询问："是否需要帮忙提车？"如果客人需要，立即提车到店门前，客人只需要在店前稍作等待。如果你选择在周一到周五中午去用餐的话，"海底捞"还会提供免费擦车服务。

比如，有顾客因违规停车，被交警开了罚款条，"海底捞"的保安会二话不说，揭了封条，替客人"买了单"；有顾客去海底捞吃饭，因为车流拥挤而无法穿过马路，这个时候，在"海底捞"门前服务的员工，会亲自接顾客到餐馆；如果你打车去"海底捞"，"海底捞"甚至会送给出租车司机一瓶矿泉水。

比如，顾客在用餐时，放在桌上的手机会被用小塑料袋装起以防溅上汤水油渍；每隔15分钟，就会有服务员主动更换你面前的热毛巾；如果你带了小孩子，服务员还会帮你喂孩子吃饭，陪孩子在"儿童天地"做游戏。

比如，在用餐的高峰时期，等待用餐的顾客可以吃着水果，喝着饮料，享受店内提供的免费上网、擦皮鞋和美甲服务，如果是一帮朋友在等待，服务员还会拿出扑克牌和跳棋供其打发时间，减轻等待的焦躁。

凡来过"海底捞"的人，恐怕都很难不对其细致入微的服务留下强烈的印象，有人夸张地称之为"变态伺候"：顾客入座后，立马会送上绑头发用的皮筋、围裙，就餐期间会有服务员不时递上热毛巾。更深的感触是"海底捞"的服务员个个精神饱满，快乐感染了每位顾客。在"大众点评网"上，很多顾客对这种贴心服务感到"受宠若惊"，感慨"终于找到了做上帝的感觉"。

我们都知道，在餐饮业中，火锅是对食物烹调要求相对较低的一种。缺乏差异化使得火锅业竞争异常激烈，经营者往往会尽量降低运营成本而与竞争对手区分开。我们能看到，从顾客进门等候到就餐完毕，"海底捞"的服务都贯穿其中。虽然很多的餐饮店在其中的某一个环节上也做到了如"海底捞"一样的服务，但是没有形成系统性、制度化，因此，海底捞的服务才会显得更加突出，而这也是餐饮企业在服务上所要借鉴与学习的。

"海底捞"优质的服务是其核心竞争力之一，成为了"海底捞"的特色招牌之一。更为重要的是，"海底捞"的服务建立起了一整套完善的体系，给顾客留下了深刻的印象，说到"海底捞"，很多人会说，服务不错。"海底捞"服务品牌赢得了顾客的认可，并且形成了口碑效应，很好地为品牌加了分。

到目前为止，"海底捞"火锅店无疑是一个以另一种形式获得成功的典型案例，它之所以能够在业内做得如此风生水起，所凭借的不过是"客户至上，服务第一"的经营理念。虽然大多数商家都以此为经营理念，但是能够真正地将这八个字放在心里，甚至深深地烙印在每一处经营的细节中就非常罕见了。

去过"海底捞"的每一个人都会极力向朋友推荐，因为在这里，你消费的不仅是餐饮，还有热忱的心！服务成了"海底捞"吸引消费者光临的一大核心竞争力，也是"海底捞"获得持续发展的一大关键因素。

"海底捞"的成功证明了客户服务的重要性，这不仅仅值得整个餐饮行业借鉴和思考，同样也值得所有企业管理者学习。

提高服务质量，重视客户服务管理

世界著名营销大师菲利普·科特勒曾经说过："你所遇到的每一个人都有可能为你带来至少200个以上潜在客户。"不过，根据以上的理论，从反面来看，当一个客户由十个满意而离你而去时，你失去的就不仅仅是一个客户，因为，你将切断与至少200个潜在客户的联系。

随着市场经济的不断发展，很多经济学家都认为，我国的市场经济已经进入了以服务为核心的服务经济时代。毋庸置疑，在服务经济时代，客户服务居于首位，是重中之重。而客户服务管理是客户管理中的重要组成部分，其作用在服务经济时代不可小觑！尽管客户服务管理目前还没有十分统一的定义，但是从名称中分析，我们大致能推测出，它指的应该是企业与其客户的交流方式，并实施于企业的市场营销、销售、服务与技术支持等与客户有关的领域。

上个世纪80年代的一天，美国通用汽车公司客户服务部收到了一封让人匪夷所思的信，信中如此写道："这是我为同一件事第二次写信，我不会怪你们没有回信给我，因为我也觉得这样别人会认为我疯了，但这的确是一个事实。我家有个习惯，就是每天晚餐后，都会以冰激凌来当饭后甜点。由于冰激凌的口味很多，所以我们每天饭后投票决定要吃哪一种口味，然后我开车去买。但自从我买了新的庞帝雅克（通用旗下的一个汽车品牌）后，我去买冰激凌的这段路程中就发生了问题。

"每当我买香草口味时，我从店里出来车子就无法立刻发动。但如果买其他口味，就能很顺利地点火。我对这件事是非常认真的，尽管听起来让人觉得难以相信：为什么当我买了香草味冰激凌它就罢工，而我不管什么时候买其他口味，它就没有问题，为什么？"

客服部的总经理看过这封信后，自然有些哭笑不得，他甚至认为这是一个恶作剧。不过，出于客户至上的服务理念，他还是派了一位维修人员去查看究竟。

维修人员找到那位顾客的时候，惊讶地发现对方是一位事业成功、乐观，且受了高等教育的人。于是，工程师排除了搞恶作剧的可能，当时正是晚餐结束后，于是两人向冰激凌店开去。

那个晚上投票结果是香草口味，当两人买好冰激凌回到车上后，车子又出问题了。维修人员觉得是巧合，于是之后又依约来了三个晚上。前两个晚上不是香草冰激凌就都没事，第三个晚上却再次出现了问题，这一天买的正好是香草味的。

维修人员百思不得其解，他当然不会相信这辆车子对香草味过敏。因此，他仍然不放弃继续安排相同的行程，希望能够将这个问题解决。维修人员开始记下从头到现在所发生的种种的详细资料，如时间、车子使用油的种类、车子开出及开回的时间……

最后他发现，他们买香草冰激凌所花的时间比其他口味的要少。

因为，香草冰激凌是所有口味中最畅销的，店家为了让顾客每次都能很快地取拿，将香草口味特别放置在店的前端，至于其他口味则放置在后端。

维修人员很快就想到了问题的症结所在，那就是当他们买其他口味的冰激凌时，由于时间较久，引擎有足够的时间散热，重新发动时就没有太大的问题。但是买香草口味时，由于花的时间较短，引擎太热以至于还无法让"蒸汽锁"有足够的散热时间，所以就会出现问题。

这是一个真实的故事，我们从中不仅能够看到售后维修人员严谨的工作态度，更能看到通用客户至上的服务理念，也正是这种事无巨细、严谨周到的服务理念才让通用能够成为全球汽车制造业的巨头。

事实证明，客户服务已成为现代市场竞争的主题，并日益受到企业的重视。任何一家企业，无论其所提供的产品是量化的物，还是无形的服务，最终都将受到市场和消费者的检验。无论你的销售人员是多么的巧舌如簧，你的企划人员是多么的标新立异，你的产品研发人员是多么的高深和专业，这些产品和服务终归还是必须服从和服务于消费者即最终客户的需要和要求的。

作为一名企业管理者，你应该看到，随着生产力不断发展和科学技术水平的飞速提高，产品的差异化已经不能再为企业带来长久的、稳固的差别优势。不但技术工艺上的模仿变得更加容易，而且随着企业管理水平的提高，其生产经营的灵活性也不断增强。在这种情况下，客户服务开始成为竞争的焦点而受到买卖双方的普遍关注。

理念二十七

并不是所有的客户都值得关注

理念二十七
并不是所有的客户都值得关注

80%的利润来源于20%的客户

世界著名经济学家维弗雷多·帕累托在他的著名的帕累托法则（二八法则）中说："企业营业收入的80%是来自20%的顾客。"

上个世纪初的时候，瑞典的银行组织发现，80%的客户并不能为银行创造利润，他们对银行的选择主要是出于对银行的服务感到很满意。而剩下20%的客户却带给银行超过80%的利润，相反，这些"大财主"却对银行的服务不满意。所以，银行开始努力改善对可赢利客户的服务，从而使对银行贡献大的客户明显感受到了服务的变化，进而增加了与银行的往来。虽然这样的举措让他们失去了一部分客户，但银行的营业额却开始上升。而那些失去的客户基本上是不怎么带来效益的客户。

正因为一个企业80%的利润要靠20%的大客户来获得，所以在企业的经营管理活动中，企业的管理者更应该注意大客户的需求，只要你的产品和服务赢得了20%的大客户的信任和满意，也就相当于占据了同类市场中绝大部分的市场份额。实践证明，每一个成功的企业都具有一批非常忠诚的大客户，一个企业只有维护好大客户对产品的忠诚度和满意度，才可以使企业稳步地发展壮大。

对于大多数行业和企业而言，大客户是指那些对企业生产的产品或提供的服务消费量大、消费频率高，通常情况下对企业的整体利润贡献大，占据企业绝大部分销售量的重点客户。现阶段，资源的集中使得大客户在企业的市场销售中扮演着越来越重要的角色。在企业的日常经营中，由于大客户几乎消化了企业绝大部分的销售量，因此，大客户对企业的销售额和利润的大小起着决定性的作用。所以，从这点来看，大客户已经成为企业，特别是中小企业维持生存和发展的命脉。"得大客户者，得天下"，早已成为众多企业的共识。

一个大客户的失去，有时能使一个企业元气大伤，尤其对一些中小型企业更是如此。现实生活中，许多企业对于这些大客户都是比较重视的，处理与这些大客户的关系时，经常是企业的高层主管亲自出面，但往往缺乏系统性、规范化的管理。在国外，许多大型企业，为了更好地处理与大客户之间的关系，往往是建立一个全国性大客户管理部来对所有大客户进行统一的管理。

找出那些最值得你关注的大客户

帕累托法则为我们揭示了这样一个原理，即：企业 80% 的价值来自于 20% 的因子，其余 20% 的价值则来自于 80% 的因子。这一原理同样适用于企业中的客户管理工作。无论你从事何种产品的市场营销，如果你将企业的客户按照销售量的大小进行排名，然后按企业客户总数的 20% 这一数额，将排名最靠前的这些客户的销售量累计起来，你会发现这个累计值占企业销售总量的比例有多大，可能是 60% 或 70%，甚至 80% 以上。也就是说，企业大部分的销售量来自于一小部分客户，而这部分客户就是企业的大客户。这些客户可能是企业在某个地区的总代理，可能是某个市场部的核心客户，也可能是一个大型的工业企业，这些大客户对企业有多重要，作为企业的管理者你应该更清楚。

美国有一名叫做威廉的企业家，曾经在年轻的时候做过油漆销售员。尽管他工作非常卖力，可是在第一个月的时间里，他只赚了 160 美元。为此，他非常困惑，为什么自己有足够多的客户却不能够获得可观的销售业绩呢？后来，他带着这个疑问认真地分析每一位客户和他们在一定期间内的购买记录，威廉发现他80%的销售额只是来自于其中不到20%的客户。于是，回到公司后，威廉要求主管把自己手中不活跃的，没有太大购买可能的顾客分给别人，然后他把自己所有的精力都投入到这20%的客户身上，结果一个月后他赚了1000美元。在那以后的销售生涯中，威廉一直都遵循着二八法则，并在若干年后创办了自己的公司。

作为企业的管理者，你应该明白二八法则所蕴函的实际意义。在企业的经营管理中，应该分清主次，只有抓住最为重要的那20%的客户，才能为你带来超过80%的利润。很多企业的管理者都觉得应该对所有的客户一视同仁，但是实际上却并非这样简单。要想自己的企业发展壮大，你就应该知道要抓住客户中的少数，尽可能地发现为企业带来80%利润的少数大客户。

对于一个企业而言，每位顾客的影响力度是不一样的，在明白这一点之后，企业管理者在从事企业的经营活动中，就不要把所有精力和努力平均分配给每一个客户。实践证明，"一碗水端平"是不可取的，最明智的做法是：充分关注发挥主要作用的大客户，将有限的精力充分投入到他们身上，从而取得事半功倍的效果。

防止大客户"叛离"的方法

乔治是美国纽约一家咨询公司的首席咨询师，他的工作是帮助全球各地的公司解决因为裁员而引起的人员纠纷问题。他的工作性质决定了他必须常年在世界各地奔波，可能一周前他还在里约热内卢，一周后他就身在约翰内斯堡。自从1993年他开始进入这家公司之后，他已经乘坐艾尔法航空公司的航班飞行了超过960万英里的航空里程，为此，艾尔法航空公司专门为他颁发了一张白金VIP贵宾卡，同时他也得到了航空公司为他量身定做的各种周到服务。例如，他拥有一位私人代表在舱门口迎接他，为他拎行李并将他引导到头等舱的座位，并为可能会有几位乘客坐在他前面而向他致歉。每年的圣诞节，他都会得到航空公司送给他的礼物，最新的飞机模型、机长的帽子、电动地球仪、放在他办公室的真皮飞机座椅等等。

但是，同艾尔法航空公司所提供的小礼物相比，乔治所在的公司历年来已经向艾尔法航空公司支付了高达 260 万美元的机票等相关费用。两者的差距是如此的悬殊，但是乔治却因为艾尔法细心周到的服务而对其倍加忠心。

在这个案例中我们可以看到，对于艾尔法航空公司来说，乔治不是一般的客户，在他的职业生涯中，平均每年 50 多万英里的航空旅行不仅是他个人商务开支中的最大项目，同时也为艾尔法航空公司创造了一份可观的收入。毫无疑问，乔治应该算是艾尔法的大客户了，正是像他这样的忠实客户才为艾尔法提供了更多可观的利润。

毫无疑问，在市场中做大客户的生意显然更有助于提高产品的销售量，同样是花费时间和精力，比零敲碎打地做散客生意效率高；所以怎样能更好地开发大客户，以及把这些大客户保留下来，增加他们对企业服务或产品的购买满意度，进而增加他们的购买欲望，已经成为一个非常值得企业管理者重视的问题。

对于时下市场中的企业来说，由于竞争愈加激烈，对于大客户的管理已经受到越来越多的企业重视。避免大客户流失，做好大客户服务，提高大客户忠诚度，对企业来说至关重要。

正是因为大客户对企业如此重要，所以过度竞争的市场环境促使大客户成为众多企业迫切想要获得的宝贵资源。因此，面对竞争对手的频繁进攻和强势推广，在如今过剩经济的市场环境下，如何防止大客户"叛离"已经成为众多企业迫在眉睫的问题。那么在实际的市场操作中，企业管理者究竟应该如何做，才能最大限度地降低大客户的"叛离"呢？

企业的大客户为何会"叛离"？世界著名市场营销咨询大师罗伯特·哈里认为，通常情况下，大客户"叛离"的原因主要有两大方面：

第一方面，不可控因素。包括大客户业务发生收缩或者扩张、大客户突然遭遇重大意外事故倒闭等等。其中大客户的业务收缩主要是由于大客户的经营方向调整、经营范围缩小或由于经营不善等原因而出售部分企业，导致大客户对原来的产品需求减少或不再有需求；而业务扩张主要是由于大客户直接进入企业所在的上游领域，成为企业竞争对手，而与企业终止业务往来。

第二方面，可控因素。包括竞争对手的进攻、企业提供的产品或服务不能满足大客户的需求、大客户的投诉和问题得不到解决等等。其中竞争对手的进攻主要表现在：竞争对手利用更低的价格、更好的产品、更优质的服务，利用强大的宣传推广攻势，利用商业贿赂等各种竞争手段进攻，赢得大客户。企业提供的产品或服务不能满足大客户的需求主要表现为企业研发力量薄弱，自身产品发展跟不上客户需求的发展。大客户的投诉和问题得不到解决主要表现在渠道冲突、售后服务、产品质量等等一系列问题发生后，企业没有及时采取有效的解决方式给予解决，令问题一直悬而未决，从而导致大客户"叛离"。

以上这两个方面的原因在企业的大客户管理中比较常见，而由于不可控因素的发生是不可预料和不可逆转的，因此，在这里我们主要讨论第二方面：如何防止由于可控因素的原因而引发大客户"叛离"。

仔细研究大客户的"叛离"过程，罗伯特·哈里发现，实际上，大客户的"叛离"就是一个大客户对企业提供的产品或服务不满，从而由开始的"忠诚"到后来"背叛"的转变过程。因此，企业要想尽可能地防止大客户"叛离"，最有效的途径就是要不断提高大客户对企业产品或服务的满意度，从而形成牢固的"消费忠诚度"。那么如何才能通过提高满意度而提高大客户的"忠诚度"呢？英国有句格言说得好："没有永远的朋友，也没有永远的敌人，只有永远的利益。"要想提高大客户的"忠诚度"、降低大客户的"叛离率"，就必须从大客户利益的角度出发，充分运用各种手段来解决这个问题。

在对众多知名企业大客户的管理经验进行总结之后，罗伯特·哈里认为，防止大客户"叛离"可以采取以下措施。这些措施可以总结为：一个沟通，与大客户始终保持深度沟通；二个一致，与大客户对产品的需求保持一致，与大客户的企业发展保持一致；四个保证，保证产品质量，保证服务质量，保证物流顺畅，保证利益最大化。

作为企业的管理者，如果能够做到上述几点，那么你将不用再担心大客户的"叛离"，或者说即便大客户流失了，你也会很快得到更多的大客户的青睐。

理念二十八

企业做大做强，谨防大企业病

理念二十八
企业做大做强，谨防大企业病

别让"大企业病"毁了你的企业

2009 年 6 月 1 日，世界汽车制造领域的巨头，美国通用汽车公司正式申请破产保护。这家始创于 1908 年的企业几乎见证了整个汽车时代的变革，从 1931 ~ 2007 年占据世界汽车业头把交椅长达 77 年，创造的奇迹不胜枚举。就美国人而言，通用汽车不仅限于此，在他们心目这个百年老店更多的是承载了几代人的光荣和梦想。

是什么让这家曾几何时傲然屹立于全球汽车制造业巅峰的巨人，轰然跌倒呢？很多人认为突如其来的金融危机是通用汽车破产的主要原因，其实，"冰冻三尺，非一日之寒"，通用汽车走到这一步，"大企业病"才是通用汽车走向没落的深层次原因。正是因为严重的大企业病，导致其公司战略决策的失误，管理松散，使百年大企业走向衰落。

"大企业病"这个极具形象化的词汇近年来屡屡出现在各类媒体中，人们在看到、读到的同时往往会直观地感觉到这个词汇所代表的喻义。在一些权威专家的表述中，所谓的"大企业病"是指企业规模扩大、产业类型和管理层次增多后，可能产生的信息阻隔、传递速度衰减或内容失真、指令执行出现严重偏差以及组织机构官僚化等现象，是企业逐步走向低谷甚至衰败的一种慢性综合征。

上个世纪的 80 年代初期，著名的日本企业立石电机株式会社的会长立石真一，在多次对企业内部进行调整的时候发现自己的企业好像一位老年人，表现出反应迟钝、指挥不灵等症状。给人的感觉是"公司的管理机能似乎相当衰退"。例如，企业的上层发出"减少库存"的指令，但是却难以贯彻下去，导致在市场上卖不动、滞销的产品仍然在不停地生产，不停地发往市场；而那些市场旺销的产品即便是短缺了，也不能及时生产、及时补货，出现产销衔接严重不到位的情况。另外，第一线的销售人员对顾客"能否生产这样的产品"等问题，至少要经过两三个月的时间才能给予满意的答复。

于是，立石真一会长认为：企业如同人，年岁大了，身体胖了，锻炼少了，活力差了，就得病了。他把诸如此类的现象概括为"大企业病"。

当时的立石真一肯定不知道这种情况并不是偶然，也并不是仅仅出现在他的企业之中，而是全世界的企业发展到一定阶段都会出现的症状。对于这个"大企业病"的临床表现，一般会出现如下症状：机构臃肿，部门罗列；程序复杂，官气十足；效率低下，信号失真；协调不利，扯皮增多；士气低落，机制老化；不计成本，不讲实效；人才流失，人心涣散……

"大企业病"最根本的原因是企业的经营和管理思想没有随着企业规模的增长而进步。企业从小到大的发展过程中，在管理上应该由"强化管理"的思想转化为"优化管理"的思想。企业最初的家族式自由发展模式不能满足发展要求的时候，企业管理工作的重点是加强管理的规范化；在企业管理强度达到一定水平之后，就需要对管理手段进行优化，消除管理过程中导致僵化的部分，通过梳理管理程序达到提高管理效率的目的。患"大企业病"的企业正是由于没有及时调整管理思想，过度追求管理的强化，而降低了企业运营的效率。

事实上所谓"大企业病"，不一定是大企业才会有的管理通病，小企业可能也会有。只是大企业由于层级复杂和人员庞杂，更加容易暴露出机构臃肿、反应迟缓、有官僚风气、团队意识下降等问题。

作为一名企业的管理者，大企业病是你最应该谨防的企业管理问题，因为一且你的企业显露出反应迟缓、效率低下、人才流失、人心涣散等症状，那就说明你的企业已经感染上了大企业病，而且病情已经严重到深入骨髓的地步。

治疗大企业病的良方

美国著名历史学家诺斯古德·帕金森通过长期调查研究，写了一本名叫《帕金森定律》的书，他在书中阐述了机构人员膨胀的原因及后果：一个不称职的官员，可能有三条出路。第一是申请辞职，把位子让给能干的人；第二是让一位能干的人来协助自己工作；第三是任用两个水平比自己更低的人当助手。

这第一条路是万万走不得的，因为那样会丧失许多既得利益；第二条路也不能走，因为那个能干的人会成为自己的对手；看来只有第三条路最适宜。于是，两个平庸的助手分担了他的工作，他自己则高高在上发号施令。两个助手无能，也就上行下效，再为自己找两个无能的助手。如此，就形成了一个机构臃肿、人浮于事、相互扯皮、效率低下的领导体系。

西方管理学中有一条著名的苛希纳定律：如果实际管理人员比最佳人数多两倍，工作时间就要多两倍，工作成本就要多四倍；如果实际管理人员比最佳人数多三倍，工作时间就要多三倍，工作成本就要多六倍。

苛希纳定律告诉我们，在管理上并不是人多力量大，管理人员越多，工作效率未必就会越高。苛希纳定律要求我们，要认真研究并找到一个最佳人数，以最大限度地减少工作时间，降低工作成本。

世界著名的管理学大师杰克·韦尔奇认为导致企业患上大企业病的直接原因就是机构臃肿、人浮于事而造成的企业管理层过于"肥胖"。因此，企业要想预防大企业病的出现，就应该积极地为企业进行瘦身。

事实证明，国际上那些优秀公司的管理层员工相对较少，员工更多的是在实际工作中解决问题，而不是在办公室里审阅报告。美国著名的企业埃默森电气公司有员工 5.4 万名，其中公司总部的员工少于 100 人。施卢姆贝格尔探油公司是世界第三大探油公司，拥有 60 亿美元资产的多元化石油服务，但它只用 90 名管理层员工来经营着这个覆盖全球的巨型企业。

1981 年杰克·韦尔奇就任通用电气 CEO 时，公司从董事长到现场管理者之间的管理层数目，多达 24 ~ 26 层。通过"无边界行动"及"零管理层"的推行，公司管理层级数减少到了 5 ~ 6 层，瓦解了自 20 世纪 60 年代就深植于通用电气组织中的官僚系统，不但节省了大笔开支，还有效改善了管理的功能，企业的效益也大大提高了。从变革之初到完成变革的十几年时间，其销售额从 200 亿美元增加到 1004 亿美元，利润也大幅增长，实力也上升到全球第二，雇员人数则从 41 万下降到 29.3 万。

想要治疗大企业病，首先应该从企业的管理体制入手。企业管理者必须完善企业管理机构。通过明确出资者、董事会、监事会、经理层和一般职工的职责，在企业内部形成各负其责、协调运转、有效制衡的关系。

其次，在企业管理结构中，企业管理者应该起到最为突出的作用。通用电气前总裁杰克·韦尔奇认为企业领导人应该具备四大素养：充沛的精力、较强的鼓动性、能够独立作出决定、通过一切方式设法使决定付诸实施。西方国家通过更换领导人重振企业的一大秘诀，恰恰是因为新领导人不同程度地具有以上四大素养。西方的一些企业如福特公司、IBM 公司、克莱斯勒公司等，都曾通过适时更换企业领导人，非常有效地制止住了企业的大滑坡。

第三，企业管理者应该尽可能地使企业管理层精简，通过改造职务结构、裁撤冗员、精简管理层，来根除官职增多、结构臃肿、相互扯皮、推诿责任、组织内充斥着"官僚"习气等问题。艾柯卡在任克莱斯勒的总裁的时候，为了有效防治大企业病，将公司高层领导中的 35 个副总裁辞退了 33 个，各部门的 28 名经理被撤换 24 个，并由此使整个企业的管理机构焕然一新。

第四，企业管理者应该在企业中树立永远追求创新的精神。创新是企业成长的根本途径，墨守成规的企业必然难以生存。世界上众多的成功企业，由小到大、由弱到强，发展成为具有长久生命力的大公司、大集团，无一不是以不断创新来实现的。日本日立公司一直强调"要敢于向新领域挑战"，并且使"和、诚、开拓精神"，这三位一体的"日立精神"深入到公司每个职工心中，有效地防止了大企业病的蔓延。当然，创新不仅仅是技术上的创新，还有观念、制度、机制和管理等方面的创新。

第五，通过良好的企业文化来预防大企业病。良好的企业文化和公司风气形成之后，在相当长的时间内，大企业病在企业难有藏身之地。杰克·韦尔奇在1983年提出了预防大企业病的划时代的经营战略——首先要形成独特的企业文化：对职工的评价实行加分制度，对于敢于向新领域挑战的人，即使他失败了也不作消极的评价。在他看来，"给人们以自信是最重要的事情。如果你觉得这个地方束缚了你，那么你就动摇它，打破它，检查整个体制，因为它可能太陈腐、太官僚。如果还不管用的话，整个推翻它。如果通用电气公司无法满足你的需要，那你就可以大大方方地走人"。正因为如此，通用电气上下都充满了勇于向新的目标挑战的企业家精神，多年来通用电气连续荣登世界企业五百强之列，杰克·韦尔奇本人更是连续被评为世界上最杰出的企业管理者。

千万不要认为大企业病都是那些跨国集团之类的大企业才会有的，事实上，中国一些传统的大企业都存在严重的大企业病，一些民营的中小企业在做大的过程中也不自觉地染上了大企业病。作为一名企业的管理者，我们应当使企业不断克服大企业病，使企业具有核心竞争力，具有较强的应变能力，在国内和国际竞争中立于不败之地。

理念二十九　　不要迷信权威

理念二十九
不要迷信权威

尊重权威，不要迷信权威

杂交水稻之父袁隆平先生曾经说过这样一段话，他说："搞科研，应该尊重权威但又不能迷信权威，应该多读书但又不能迷信书本。科研的本质是创新，如果不尊重权威、不读书，创新就失去了基础；如果迷信权威、迷信书本，创新就没有了空间。还不要害怕冷嘲热讽、标新立异。如果老是迷信这个迷信那个，害怕这个害怕那个，那永远只能跟在别人后面。只有敢想敢做敢坚持，才能做科技创新的领跑人。这是我有深刻体会的。"

这番话说得非常好，尊重权威，但不迷信权威。事实上，无论是科研还是我们在日常的工作生活中都应该遵循这样的原则。尤其是对于一个企业的管理者来说，权威有的时候虽然非常重要，但却不应该盲听盲信，如果你陷入对权威的迷信中，可能会为此付出巨大的代价。

在上个世纪30年代末期的时候，一场凶猛异常的狂暴飓风袭击了美国的东部海岸。造成了巨大的损失，无数人因此而流离失所。后来很多幸存者都因为当地的气象部门没有及时地发布飓风预报而愤怒。

但事实上却并非如此，当地的气象学家们早已预测到了这场飓风的规模和到来的时间。只是因为一些不便公开的原因并没有向公众发出警告。而且，绝大多数的居民通过家中的仪器或者通过其他渠道都获知了飓风即将来临，但由于作为权威部门的气象局并没有发出任何预报，居民们都出人意料地对即将到来的大灾难漠然视之。

后来，许多令人吃惊的故事被披露出来，《华盛顿邮报》在采访一名幸存者时，那位中年男子说出了他在飓风来临之前的经历。

"早在飓风到来的前几天，我就到纽约的一家大商店订购了一个崭新的气压计。9月21日早晨，新气压计被邮寄了过来。但是让我恼怒的是，指针指向低于29的位置，我想这个气压计一定有问题，因为这个数值通常都预示着飓风和龙卷风马上就要来临。但我并没有在电视上看到气象部门的预报，也没有人说过这件事儿。我使劲地摇晃那个气压计期望能把它摇回正常的状态，但是那个指针就是停留在那里纹丝不动。你知道的，我多么痛恨那家商店的推销员，他和我说这是最新型号的气压计，我为它甚至多花了一顿酒钱。我自然不会就此罢休，于是我将气压计重新打包，开车赶到邮局，将它又邮寄了回去。回来的时候我甚至还处于愤怒之中，但当我返回家中的时候，我开始感到庆幸，甚至在心底感谢那个气压计，你知道的，如果不是它，我肯定也会同我的房子一样被飓风吹得无影无踪了。"

这就是迷信权威的危害，故事中的居民们就陷入迷信权威的境地中，当他们的仪器指示的结果没有得到权威部门的印证时，他们宁愿诅咒气压计，或者忽略它，或者干脆扔掉它，也不肯从权威的影响中走出来，于是，最终他们为次付出了惨重的代价。

我国历史上的大文豪苏东坡就对所谓的权威不屑一顾。北宋熙宁年间的时候，他去好友济南监镇宋保国的家里去做客。两人在谈论佛经的时候，宋保国就将王安石写的《华严经注解》拿出来展示。

苏东坡就问："我听说《华严经》本来有八十一卷，怎么现在却只有一卷呢？"

宋保国得意地说："荆公（指王安石）注解的这一卷才是佛语，非常精妙，其他卷都是菩萨语（指废话）。

苏东坡见他这么崇拜王安石，就笑着问："我从经书中取出几句佛语，夹杂在菩萨语中，再找出几句菩萨语，夹杂到佛语中，你能分辨清楚吗？"

宋保国默然半晌，羞愧地承认："不能。"

东坡又说："我以前曾住在岐下的那个地方，听说附近河阳县的猪肉味道很好，就叫人去买。这人回来的路上喝醉了酒，猪夜间逃走了，于是他就另买了一头普通的猪来顶替。客人们尝了这猪肉后，都赞不绝口，连说好吃，认为非一般的猪肉可比。后来，这件用假猪顶替的事败露了，客人们知道后，都为自己当初的表态感到惭愧。今天荆公写的这些话就如同那头假猪一样，只是没有败露罢了。如果你用心去体会，就会发现墙壁瓦砾，都昭示着很精妙的佛法。至于说什么佛语精妙，不是菩萨语能比得上的，这难道不是蠢话吗？"

宋保国惭愧地说："您说得有道理。"

社会学家认为，权威是一种社会现象，这种社会现象甚至可以追溯到动物世界。所谓权威，是指社会的某些成员，其观点和意见，在一定范围内拥有绝对的或者极其重要的作用，以及由此而形成的权力、威势、地位。不言而喻，这两者是互为因果的，拥有权力、威势、地位的人，其观点和意见往往具有一言九鼎的作用，堪称"人贵言重"、"一句顶一万句"。

但是我们同样应该明白，并不是所有的权威都应该不加辨别地相信。时至今日，打着权威、专家的头衔招摇撞骗的不胜枚举，虽然这并不能说所有权威都是骗子，但是所谓的权威可能只是代表某一方面他们比别人研究得更深入一些，更透一些罢了。

学会利用权威

美国某知名大学的一名心理学家曾经做过这样一个实验：某一天他去给大学心理学系二年级的学生授课，在课程开始前，心理学家给学生介绍了一位客人，是一名德国著名的化学家，然后请客人讲话。

客人用德语口音很重的英语说，他发现了一种液体，并拿出一个小瓶。他说这种液体有强烈的气味，但对人体无害，可以用来测试嗅觉。他要作个嗅觉研究，所以现场要测试学生的嗅觉能力。接着他让学生闭上眼睛，然后学生听到他打开瓶盖的声音，等了一下，他让那些嗅觉灵敏，并先闻到气味的学生举手。不久，不少学生都举了手。然后这位化学家，做了记录，离开了教室。

这个实验就是著名的权威效应，实际上那个瓶子里装的并非什么具有强烈气味的液体，其实只是蒸馏水！我们都知道蒸馏水是没有味道的，而那个所谓的德国著名化学家其实也只是学校的德语教师。对于没有气味的蒸馏水，为什么学生会举手呢？这就是权威效应，学生举手是因为那是个"德国著名化学家"，而不是因为真正闻到了气味，或者说他们以为自己闻到了气味，更或者说他们比赛谁的嗅觉更好，于是"闻到了气味"。从心理学的角度来分析，学生"闻到气味"，这里有"从众效应"的因素，但是更主要的还是"权威效应"在发挥作用。如果没有这个权威，是一个普通的老师，学生还会说闻到了吗？恐怕不会的。

在社会中，我们每个人都有一种在心理学上被称为"安全心理"的因素，也就是说人们总认为权威人物的思想、行为和语言往往是正确的，服从他们会使自己有种安全感，增加不会出错的"保险系数"。同时，人们还有一种"认可心理"，即人们总认为权威人物的要求往往和社会要求相一致，按照权威人物的要求去做，会得到各方面的认可。因此，这两种心理就诞生了"权威效应"。

"权威效应"在社会上也普遍存在，人们总认为权威人物往往是正确的，即便错了，自己也是和权威错在了一起，给自己找到了借口。做广告时请权威人物，赞誉某种产品，在辩论说理时，引用权威人物的话等等，这些都是利用了"权威效应"。

作为一名企业的管理者，在企业中，你也可利用"权威效应"去引导和改变下属的工作态度以及行为，这往往比命令的效果更好。因此，一个优秀的领导肯定是企业的权威，或者为企业培养了一个权威，然后利用权威暗示效应进行领导。当然，要树立权威就必须要先对权威有一个全面深入的理解，这样才能正确地树立权威，才能让权威保持得更加长久。

理念三十

让下属分担你的工作

理念三十
让下属分担你的工作

成功的企业领导不仅是授权高手，更是控权的高手

在管理学中有一个著名的史坦普定理，讲的就是关于工作授权方面的问题。史坦普定理来源于一个寓言。寓言中有一个国王，因为老待在王宫里，感到很无聊，为了解闷儿，他叫人牵了一只猴子来给自己做伴。因为猴子天性聪明，很快就得到了国王的喜爱。国王给了它很多好吃的东西，由于国王的宠爱，周围的人都很尊重它。国王对这只猴子更是十分信任和喜爱，甚至连自己的宝剑都让猴子拿着。

在王宫的附近，有一座供人游乐的园林。当春天来临的时候，这座园林简直美极了。国王被那里的美景所吸引，带着皇后到园林里去游玩。他把所有的随从都留在园林的外边，只留下皇后和猴子给自己做伴。

国王在园林里好奇地游览了一遍，感到有点疲倦，就对猴子说："我想在这美丽的地方睡一会儿。如果有什么人想伤害我，你就要竭尽全力来保护我。"说完这几句话，国王就睡着了。

一只蜜蜂闻到花香飞了过来，落在国王头上。猴子一看就火了，心想："这个胆大的家伙竟敢在我的眼前蜇国王！"于是，它就开始阻挡。但是这只蜜蜂被赶走了，又有一只飞到国王身上。猴子大怒，抽出宝剑就照着蜜蜂砍下去，结果把国王的脑袋给砍了下来。

同国王睡在一起的皇后吓了一跳，爬起来大声喊起来："哎呀！你这个傻猴子，你究竟干了什么事呀?!"

猴子把事情的经过原原本本地说了一遍，聚集在那里的人们把它抓了起来。最后猴子也被砍头了。

造成惨剧发生的原因是"国王"作为管理者选错了授权对象。这个故事告诉我们，企业领导不仅要做授权高手，更要做控权高手。

史坦普定律告诉我们，授权的首要原则就是将权力授给能够胜任工作的人。授权之前领导者应该对下属进行完整的评价。如果你发现有的职员对自己的工作了解很深，并且远远超出你的预料，这些人就有可能具备担负重要工作任务的才能和智慧。如果你对职员的分析正确无误，那么选择能够胜任工作的人这一步就比较容易做好。没有正确选择授权对象只会有百害而无一利，寓言中的国王、猴子甚至整个王国都是错误授权的受害者。

道理虽然是这么个道理，但是我们恰恰发现，有些企业管理者抱怨不敢给核心的管理部门的员工授予太多权力，因为常常会遇到这些现象：做销售的，把客户和核心的销售团队带走；做财务的，利用职权，中饱私囊、携款潜逃；做技术的，带着企业核心技术跳槽。这些人可能能力很强，但诚信缺失，一旦给他们赋予过多的权力，他们就可能做出背信弃义、违背组织的事。这就提醒管理者在挑选被授权对象时应该考查他们的品行，否则后果不堪设想。

授权要有相应的平衡、监督机制，缺乏监督的授权迟早会出问题，所以在企业组织架构中，部门间既相互协作，又相互制约，这样才能构建起企业内部的动态平衡系统，保证该系统的良性运转，将授权由个人行为变为一种组织行为，并重视组织力建设，这样可以保证授权的成功。

累死的主管最无能

孔门72贤中有一位名叫宓不齐的，素以仁爱和有才智著称于世，连孔子都说他是君子。因为很有才智，鲁国的国君就派宓不齐到一个地方去做官。宓不齐到任以后，却很少工作，大多数的时候不是在弹琴自娱，就是流连于山水之间。但是，他所管辖的地方却不因他的不作为而混乱，反而显得井井有条，居民也安居乐业。

宓不齐的所作所为让他的前任很困惑，他想不明白为何自己任职的时候每天都勤勤恳恳，从早忙到晚，但却效果甚微。于是他去请教宓不齐："为什么你每天都这么逍遥自在，却还能把地方治理得这么好呢？"

宓不齐笑着回答说："你只靠自己的力量去治理，所以十分辛苦；而我却能借助下属的力量来完成任务。这就是唯一的原因。"

在管理学中有一条叫做"古迪逊定理"的管理法则，是由英国证券交易所的主管古迪逊提出的，这条定理的内容是——一个累坏了的主管是一个最差劲的主管。

一个聪明的管理者，应该懂得如何正确地发挥下属的聪明才智、利用下属的力量，而不是事必躬亲，把一切都揽在自己肩上。作为一名企业的管理者，你应该知道，真正的领导人不一定自己的能力有多么出色，只要懂得信任，懂得放权就能团结比自己更强的力量，从而提高自己的身价。但是在现在的很多企业中，却有很多能力非常强的管理者因为追求完美，每件工作都要管，结果弄得自己终日陷于繁多的日常事务中，找不到工作的重点。这样的管理者只适合成为公关人员和销售代表，而不适合成为优秀的领导者。

史坦利是詹姆斯维尔公司的CEO，他是在1995年来到这家公司的，从最开始的部门经理，然后是副总裁，到现在的CEO，他已经将15年的时间投入到了公司的发展中。当年他进入这家公司的时候，它不过是美国千千万万个家族企业中一个最不起眼的企业。但是在这15年中，史坦利却将这家小公司做成了一个拥有上万名员工的跨国集团。曾经有人问他，是什么让公司发展得如此迅速，究竟有什么管理上的秘诀？46 岁的史坦利沉吟良久，说道："权利要下放才行，一把抓的控制方式是一种错误，最好的控制来自于员工的自制。"

史坦利下放权力的主要手段是由现场的工作人员来制定预算，刚开始时，整个预算过程都是在公司财务人员的指导下完成的，但是后来现场的工作人员学会了预算。财务人员就只是做做把关的工作了。因为，每一名员工都自己设计生产线。在需要添置设备的时候，他们会在报告上附上一份自己完成的现金流量分析，以证实设备添置的可行性。

为了让企业中的每一名员工都更有权力，史坦利在担任 CEO 的时候大胆地撤销了人事部门，成立了"终身学习人才开发部"，支持每一位员工为自己的梦想而奋斗。在实行权力下放之后，公司的经营形式十分好，销售额每年递增15%，比调整前要高出整整一倍。

通用电气公司前总裁杰克·韦尔奇曾经说过："管得少，就是管得好。"世界管理学专家彼特·史坦普认为，成功的企业领导不仅是授权高手，更是控权的高手。同样身在管理领域的旦恩·皮阿特认为，能用他人智慧去完成自己的工作的人是伟大的。为什么授权这么重要？因为通过授权，你可以提高自己的工作效率；你可以专注于更重要的工作，而不是陷入费时费力的大事小情不能自拔；与此同时，你还可以培养手下的员工，让他们成为更有价值的工作者。

分清哪些工作该授权

有人把授权比喻成放风筝，部属能力弱线就要收一收，部属能力强了线就要放一放。优秀的管理者在进行工作授权的时候，应该明白什么样的工作可以授权，什么样的工作不应该授权，什么样的员工可以放心授权，什么样的员工不能授权。

优秀的管理者应该知道，是否能出色地完成工作取决于是否信任下属，是否会放权。但授权并非一件简单的事。你肯定听到过这样的建议：在可能的情况下放权。但是，如果相关工作没有做好，放权可能带来适得其反的效果。

安德鲁·卡内基说过："成功的秘密不在于自己完成工作，而在于组织合适的人选完成工作。"因此，授权需要深思熟虑，需要分配恰当的人选去完成挑战性的任务。

如何控制授权的风险？把握好授权的度，做到合理的授权是极其关键的。

不要把授权与安排员工完成分内工作混为一谈。真正的授权通常是将你的部分工作交由他人去完成，接受授权的人既承担责任也有权作决定。授权也不是"甩包袱"。有些管理者认为，一旦授权他人去完成某项任务，自己将不再对此负责。然而，将责任和权力交付给员工是有局限性的，最终负责任的还是你——无论你是否了解这一点。而且，员工要是觉得你扔过来的是他最讨厌干的活儿，他可能还会产生不满情绪。

想要做到合理授权，企业管理者应该懂得哪些工作适合授权。譬如，对那些重复的、非判断性的工作，以及下属能够做得比你好的工作，就必须授权让下属去做，否则就是管理者的失职。有的管理者经常什么事都不放心，什么事都觉得他自己干最踏实，效果最好。比如客户打来一个咨询电话，下属正在说的时候，他的经理就一把抢过电话，放下电话后还把下属数落一通。企业现在追求的是一种团队的绩效，管理就是要通过他人来达成目标，就是要给别人授权，让他们自己来决定怎么做这个事情。

在企业中有些工作是应该授权的。譬如说，有的时候在企业中有些工作因为没有招聘到合适的人去做，所以一直都是管理者在做。当你找到适合这个工作的人的时候，你就应该立即授权。此外，过去从来没有做过，对上司和下属都具有挑战性但风险不大的工作，也应该授权给下属做。虽然整个工作授权给下属可能有很大风险，但可以通过划分权限和对关键环节进行控制来管理。大部分不授权现象的发生，是由于许多管理者出于对下属能力的担心和传统的工作习惯，将下属过去做不好但现在已经能做好的工作仍然揽住不放，使授权无法进行。

　　还有一些可授权可不授权的工作，譬如，一些你分内的工作，有的时候你授权下属去做，只是因为你分身乏术或者是你想锻炼下属。

　　企业中那些事关全局的战略性的工作，以及必须领导亲自出马才能完成的工作是不应该授权的工作。

　　总之，领导者要做好授权工作，就应分清哪些工作该授权，以及授权的程度，才有利于工作的顺利开展。

理念三十一　　重视自己的短板

理念三十一

重视自己的短板

找到木桶中最短的那块板

在管理学界有一个著名的木桶理论，说的是一只木桶要想盛满水，必须每块木板都一样平齐且无破损，如果这只桶的木板中有一块短或者某块木板下面有破洞，这只桶就无法盛满水。

木桶理论，也被称为短板效应，是由美国管理学家彼得提出的。一只由多块木板构成的水桶，其价值在于其盛水量的多少，但决定水桶盛水量多少的关键因素不是其最长的板块，而是其最短的板块。这就是说任何一个组织，都会面临一个共同问题，即构成组织的各个部分往往是优劣不齐的，而劣势部分往往决定整个组织的水平。

若仅仅作为一个形象化的比喻，木桶理论可谓是极为巧妙和别致的。但随着它被应用得越来越频繁，应用场合及范围也越来越广泛，已基本由一个单纯的比喻上升到了理论的高度。这由许多块木板组成的"水桶"不仅可象征一个企业、一个部门、一个班组，也可象征某一个员工，而"水桶"的最大容量则象征着整体的实力和竞争力。

对于一个企业的管理者而言，你身后的企业和团队就是一个木桶，根据木桶理论，我们能够得知，在这个团队里，决定这个团队战斗力强弱的不是能力最强、表现最好的员工，而恰恰是能力最弱、表现最差的落后者。因为，最短的木板在对最长的木板起着限制和制约作用，这就决定了整个团队的战斗力，从而也就影响了整个团队的综合实力。

这也就是说，只有想方设法让木桶中的短板达到了长板的长度，或者说达到了一定的高度，才能非常明显地增长团队的竞争力和战斗力。

薄弱的环节通常都是致命的

阿喀琉斯是荷马史诗《伊利亚特》中最具传奇性的英雄，他是海洋女神忒提斯和凡人英雄所生，是唯一一名参加特洛伊战争的半神。

海洋女神忒提斯非常喜欢阿喀琉斯，为了让自己的儿子拥有最强大的保护，她偷偷地将阿喀琉斯带到冥界的冥河边上，将他的身体放进冥河水中浸泡。因为这样就可以使他的身体刀枪不入。但是由于她需要倒提着阿喀琉斯的一只脚才能将他的身体浸入冥河水中，于是，阿喀琉斯的脚踵没有被冥河水浸泡，这成为了他唯一的弱点，也是最为致命的弱点。

特洛伊战争爆发之后，阿喀琉斯受希腊英雄奥德修斯之邀，加入到了希腊联军。阿喀琉斯身具神力，在战场之上所向披靡，杀得特洛伊士兵闻风丧胆。由于阿喀琉斯的存在已经大大地影响到了战争的局面，庇护特洛伊的太阳神阿波罗打听到了他的脚踵是唯一的弱点，于是用弓箭射伤了他的脚踵，导致他最后命丧黄泉。

后来，"阿喀琉斯之踵"就成为某人或某事物的最大或者唯一弱点的代名词。作为一名企业的管理者，你应该明白无论在什么样的情况下，你都不能将你的弱点暴露给你的对手，因为那将会导致你在市场竞争中处于不利的局面。

无论是什么样的团队和组织都必定存在着一定的薄弱环节，而想要完全克服这个最薄弱的环节是不可能的。按照木桶理论所揭示的观点来看，企业中的薄弱环节是不可避免的。就像一根链条一样，可能这个链条中最薄弱的那一环相对于其他链条而言是最强的，但是在这根链条中却是弱的，如果一旦这个环节出现问题那么无论其他的环节多么结实，整根链条依然会断掉。

对于企业的管理者而言，你的企业中最薄弱的环节就是最需要你关注的。因为正是这些薄弱的环节才最有可能被对手发现，从而导致你在竞争中失利。请注意你的"阿喀琉斯之踵"，不要让它被竞争对手发现，同时也要尽可能弥补你的弱势，然后寻找对方的薄弱环节。

反解木桶理论：扬长也可避短

木桶理论是管理学界的经典理论，在经过若干年的发展，以及经济水平和时代的不断变化和发展后，开始出现众多的演变和新解，其中反解木桶理论的出现让我们知道了，不一定非要补短才能扬长，原来扬长也可避短。

格兰仕集团创建于 1978 年，前身是一家乡镇羽绒服制品厂。经过三十多年的发展后，已经成为一家世界级企业。格兰仕在广东顺德、中山拥有国际领先的微波炉、空调及小家电研究和制造中心，在中国拥有 13 家子公司，在全国各地共设立了六十多家销售分公司和营销中心，在香港、首尔、北美等地都设有分支机构。格兰仕的发展就是通过扬长来避短的典型案例。

当年，格兰仕集团引进日本东芝微波炉生产线，在半年内建成投产。在上世纪 90 年代初期，格兰仕品牌的知名度较小，渠道也在建设当中，广告投入微乎其微，但其唯一也是最大的优势是：格兰仕在微波炉市场上很有成本优势。一方面，利用 OEM 搬来的设备，大批量生产，低劳动成本，大的管理跨度，采购垄断等，在很长的时间内获得成本优势。格兰仕抓住自己的长板——价格优势，通过价格战迅速占领市场。价格不降则已，要降就要比别人低 30%，这种挤压手段能迅速将规模较小的竞争对手淘汰出局。格兰仕也因此得到"价格屠夫"的称号。十多年时间里，格兰仕的生产规模不断扩大，2002年，格兰仕销售收入达到85亿元人民币，并形成1500万台微波炉的年产量，占全球微波炉市场份额的35%。

看了正面的例子之后，我们再来看一个反面的案例。

山东省有一家比较知名的白酒品牌，该品牌酒的销量一直在山东省名列前茅，其定位在高档商务用酒和宴会用酒上。当时拥有该品牌的企业还生产其他的酒类品牌，但市场占有率都非常小。好在该品牌的酒还能在高端白酒市场上勉强占有一块阵地，但由于实力与其他品牌的白酒相差悬殊，市场前景难以预料，于是有人建议推出较低价位的新产品来占领市场，但这显然是一个不可能完成的使命。

首先，该企业生产高档优质白酒的能力为每年5000吨，而一旦扩充低端白酒的规模，势必会严重影响原本不错的高档酒销售。其次，品牌的无效延伸，大大消弱了消费者的忠诚度。

原以为在推出低端白酒后可以弥补高档白酒的短板，没想到结果适得其反，这个不理性的决策既无法使新产品达到赢利的足够规模，也严重冲击了利润丰厚的高端市场，险些酿成竹篮打水的结局。幸亏该企业领导人及时刹车才幸免于"惨败"。

实际上，对于很多企业来说，放弃或忽视自己的长板，着力去补足自己的短板，这恰是风险的开始。作为一名企业的管理者，你应该看到，在经济全球化的时代，中国的企业不可能在各个方面都保持均衡发展，或者说保持均衡发展的基础还不成熟，没有围绕核心竞争力来构筑企业的生存基础，这样的管理思路就很容易导致平庸企业的不断产生，容易导致"小而全"式企业轮回出现，会导致效率低下和效益普遍不高。而高科技和高效益型企业，往往是在某几个方面有突出的竞争优势，其短板在通过外部优势资源的整合和引进来予以解决。

因此，从总体上来说，根据各自企业的优势和特点进行分工和合作，是当今企业的一种大的发展趋势。如世界著名的波音飞机就是由全世界几万家配套厂商协作来完成的，关键部件和最后整装流程则在美国本土完成。有的企业如耐克公司则只抓住设计和销售环节，制造则全面委托给其他企业。还有其他一些大型国际企业的分工情况也与此相类似。

放眼世界，居于主宰地位的主导型企业毕竟只是少数，而其他企业则围绕它们进行配套，在某一个小部件上做到世界最大规模。

理念三十二　防微杜渐，谨防破窗效应

理念三十二
防微杜渐，谨防破窗效应

讳疾忌医的危害

《韩非子·喻老》中记载了这样一个故事。春秋时期有一位叫做扁鹊的名医，因为医术高明，经常出入宫廷为君王治病。有一天，扁鹊巡诊去见蔡桓公。礼毕，他侍立于桓公身旁细心观察其面容，然后说道："我发现君王的皮肤有病。您应及时治疗，以防病情加重。"

桓公不以为然地说："我一点病也没有，用不着什么治疗。"扁鹊走后，桓公不屑地对几名大臣说："医生总爱在没有病的人身上显能，以便把别人健康的身体说成是被医治好的。我才不信这一套。"

10天以后，扁鹊第二次去见桓公。他察看了桓公的脸色之后说："您的病到肌肉里面了。如果不治疗，病情还会加重。"桓公当然不信，并因为扁鹊说他"病情正在加重"而深感不快。

又过了10天，扁鹊第三次去见桓公。他看了看桓公，说道："您的病已经发展到肠胃里面了。如果不赶紧医治，病情将会恶化。"桓公仍不相信，并开始对扁鹊更加反感。

照旧又隔了10天，扁鹊第四次去见桓公。两人刚一见面，扁鹊扭头就走。这一下倒把桓公搞糊涂了。他心想："怎么这次扁鹊不说我有病呢？"桓公派人去找扁鹊问原因。扁鹊说："一开始桓公皮肤患病，用汤药清洗、火热灸敷容易治愈；稍后他的病到了肌肉里面，用针刺术可以攻克；后来桓公的病患至肠胃，服草药汤剂还有疗效。可是目前他的病已入骨髓，人间医术就无能为力了。得这种病的人能否保住性命，生杀大权在阎王爷手中。我若再说自己精通医道，手到病除，必将遭来祸害。"

5天过后，桓公浑身疼痛难忍。他看到情况不妙，主动要求找扁鹊来治病。派去找扁鹊的人回来后说："扁鹊已逃往秦国去了。"桓公这时追悔莫及，但却无能为力，只能挣扎着在痛苦中死去。

有病不治的结果，必定是导致小病变成大病，以至于不治身亡。而隐患不除的结果，会让小隐患变成大隐患，最终酿成安全事故。不出事是偶然，出事是必然。这是事物发展的必然规律。这个故事告诉我们，对于自身的疾病以及社会上的一切坏事，都不能讳疾忌医，而应防微杜渐，正视问题，及早采取措施，予以妥善的解决。否则，等到病入膏肓，酿成大祸之后，将会无药可救。

现实生活中，常常会出现这样的情况，别人对我们提出的缺点，我们总是能虚心接受，但就是不能坚决改正，总是马马虎虎，得过且过直到淡忘。其实并非我们真的不知道问题的存在，而是侥幸地觉得这么一点小小的问题可以慢慢改正，不用急于一时。我们总是觉得目前还过得去，就暂时不用去管它，可能有一天会遇到一个好的时机，一切都会好的。但那一天对于你来说可能太过遥远和渺茫。企业也是一样的，问题总是存在的，虽然一时不至于致命，但积小疾成大病，这大病就会要了企业的性命。

勿因"恶"小而忽视

每一个人生活在尘世中，既是单独的个体，同时也是社会的组成因素。企业作为社会的重要组成部分，也同样具备着个体的因素。在市场中，企业的生存环境和自身拥有的资源，以及实力都在不断变化着。有一句俗语说人吃五谷杂粮，必定会生病。企业也是如此。原本健康、充满活力的企业可能会因许多的小问题陷入困境。在企业管理的舞台上，许多小问题，往往触及企业管理的核心问题。对一些小问题的处理，体现了企业的管理思想甚至是企业文化。"千里之堤，溃于蚁穴"，企业中潜伏的小问题，如果不及时有效地加以解决，任其拖延下去，后果将不堪设想。

临近黄河岸畔有一片村庄，为了防止黄河河水泛滥，沿岸的农民们耗费了无数的人力和物力筑起了巍峨的长堤。一天有个老农在经过大堤的时候偶然发现大堤上出现了很多的蚂蚁窝。老农心想这些蚂蚁窝究竟会不会影响长堤的安全呢？他要回村去报告，路上遇见了他的儿子。老农的儿子听了不以为然地说："那么坚固的长堤，还害怕几只小小的蚂蚁吗？"然后不由分说便拉老农一起下田了。当大晚上风雨交加，黄河里的水猛涨起来，咆哮的河水开始从那些微不足道的蚂蚁洞中渗透出来，越渗越多，继而喷射，终于冲毁了大堤。

世界管理学大师彼得·杜拉克说过，管理是一门科学，更是一门艺术。在哲学家的眼中"一花一世界，一叶一菩提"，从世界的细枝末节看到世界的内在，体会到哲学的艺术。它告诉我们从一个小的事物中可以发现真理。在企业管理中也是这样，对小问题的处理方式，折射出了企业领导者的一种管理艺术。如何使问题得以完美解决，完全取决于管理者是否掌握好了这门艺术。阻碍管理成功的最大障碍是对微不足道的"蚁穴"的疏忽。成功有时是很难效法的，但失败是可以避免的，从"蚁穴"中吸取经验和教训才是管理者的必修课。

蚁穴虽小，但却能将千里之堤毁于一旦。这就要求在企业管理实践中，管理者必须高度警觉那些看起来是个别的、轻微的，但触犯了公司核心价值的"小的过错"，并坚持严格依法管理。企业的制度化建设在企业管理中已经是老生常谈了。但是，现实的情况往往是制度多，有效的执行少。长此以往，企业将难以发展。对公司员工中发生的"小奸小恶"行为，管理者要引起充分的重视，适当的时候要小题大做，这样才能防止出现"千里之堤，溃于蚁穴"的悲剧。

企业若想基业常青，作为一名企业的管理者必须将"蚁穴"管理到底，解决到底。

企业管理中应谨防破窗效应

在日常生活中，我们经常有这样的体会，当你的桌上总是放着一些财物，当你的仓库总是敞开着大门，而你不去管理，慢慢你就会发现有一些顺手牵羊的情况发生，如果你还是不加以制止，那就会出现更大的问题。对于违反公司程序和规定的行为，如果企业的管理者没有进行严肃处理，没有引起员工的重视，就会导致员工出现侥幸心理，从而使类似行为再次甚至多次重复发生；对于工作不讲求成本效益的行为，有关领导不以为然，就会使下属员工的浪费行为得不到纠正，反而日趋严重等等。一间房子如果窗户破了，没有人去修补，时隔不久，其他的窗户也会莫名其妙地被人打破；一面墙上如果出现一些涂鸦没有清洗掉，很快墙上就会布满乱七八糟、不堪入目的东西。而在一个很干净的地方，人们会很不好意思扔垃圾，但是一旦地上有垃圾出现，人们就会毫不犹豫地随地乱扔垃圾，丝毫不觉得羞愧。这就是"破窗效应"的表现。

"破窗效应"是管理学界中的一个重要的理论，是由美国斯坦福大学心理学家菲利普·辛巴杜于1969年提出的。当时的菲利普设计了一项实验，当然这项实验的初衷并非是针对于企业管理，而是针对于犯罪心理上的研究。

菲利普找来两辆一模一样的汽车，把其中的一辆停在加州帕洛阿尔托的中产阶级社区，而另一辆停在相对杂乱的纽约布朗克斯区。停在布朗克斯的那辆，他把车牌摘掉，把顶棚打开，结果当天就被偷走了。而放在帕洛阿尔托的那一辆，虽然那也被他摘掉了车牌并打开了顶棚，但连着一个星期也无人理睬。后来，菲利普用锤子把那辆车的前玻璃敲了个洞。结果让人吃惊的是，仅仅过了几个小时，它就不见了。以这项实验为基础，政治学家威尔逊和犯罪学家凯琳提出了一个"破窗效应"理论，他们认为：如果有人打坏了一幢建筑物的窗户玻璃，而这扇窗户又得不到及时的维修，别人就可能受到某些暗示性的纵容去打烂更多的窗户。久而久之，这些破窗户就给人造成一种无序的感觉。结果在这种公众麻木不仁的氛围中，犯罪就会滋生、繁荣。

在日本的企业中，戴明法则被奉若产品质量管理方面的金科玉律，但在另一些企业中，有一种被称做"红牌作战"的质量管理活动也非常流行，并具有很好的效果。

如果你参观过日本的某些企业，你会发现在企业的某些地方会贴着一些红色的标志，那么通常这些地方就是容易出现一些小毛病的地方。例如，企业管理者会在有油污、不清洁的设备上贴上具有警示意义的"红牌"，将藏污纳垢的办公室和车间死角也贴上"红牌"，以促其迅速改观，从而使工作场所清洁整齐，营造出一个舒爽有序的工作氛围。在这样一种积极的暗示下，久而久之，人人都遵守规则，认真工作。实践证明，这种工作现象的整洁对于保障企业的产品质量起到了非常重要的作用。

破窗效应不仅在企业管理方面得到了应用，就连纽约的警察局也对此大加利用。纽约市交通警察局局长布拉顿就受到了"破窗效应"的启发。上个世纪的40年代，纽约的地铁中治安极差，偷窃和抢劫横行，使纽约的市民不堪其扰。针对纽约地铁犯罪率的飙升，布拉顿采取的措施是号召所有的交警认真推进有关"生活质量"的法律，他以"破窗理论"为师，虽然地铁站的重大刑事案件不断增加，他却全力打击逃票。结果发现，每七名逃票者中，就有一名是通缉犯；每二十名逃票者中，就有一名携带凶器。结果，从抓逃票开始，地铁站的犯罪率竟然下降了，治安大幅好转。他的做法显示出，小奸小恶正是暴力犯罪的温床。因为对这些看似微小、却有象征意义的违章行为大力整顿，自然就大大减少了刑事犯罪。

从"破窗效应"中，我们可以得到这样一个道理：任何一种不良现象的存在，都在传递着一种信息，这种信息会导致不良现象的无限扩展，同时必须高度警觉那些看起来是偶然的、个别的、轻微的"过错"，如果对这种行为不闻不问、熟视无睹、反应迟钝或纠正不力，就会纵容更多的人去"打烂更多的窗户玻璃"，就极有可能演变成"千里之堤，溃于蚁穴"的恶果。

理念三十三

培训让企业和员工一起成长

理念三十三
培训让企业和员工一起成长

培训是企业持续发展的力量源泉

企业靠什么才能发展？不是产品，不是资金，也不是独具优势的技术，而是至关重要的人才。无数的案例都证明了人才对于企业发展所具有的重要推进作用，那么人才是什么呢？只有那些具有高学历高水平的才是人才吗？不是，对于企业来说，每一名员工都是它的人才。所以，企业员工的素质决定着企业的素质，拥有高素质的人才，企业才可能谈得上持续发展。而通过培训，可以使新员工融入到企业的文化之中，可以使老员工补充新知识新技能，以跟上企业发展的步伐。培训使企业人力资本整体增值的同时，也增加了企业自身的价值。

纵观国内外的知名企业，几乎没有不重视员工培训的，无论是杰克·韦尔奇，还是彼德·杜拉克都将员工培训视为企业持续发展的力量源泉。

IBM非常重视对新员工的培训，并以极其严格和艰辛的培训过程被誉为"魔鬼训练营"。除行政管理类人员只有为期两周的培训外，IBM所有销售、市场和服务部门的员工全部要经过三个月的"魔鬼训练"，内容包括：了解IBM的内部工作方式；了解自己的部门职能；了解IBM的产品和服务；专注于销售和市场，以模拟实践的形式学习IBM怎样做生意；以及团队工作和沟通技能、表达技巧等。这期间，十多种考试像跨栏一样需要新员工跨越，包括：做讲演，笔试产品性能，练习扮演客户和销售代表等市场角色。全部考试合格，才可成为 IBM 的一名新员工，有自己正式的职务和责任。之后，负责市场和服务部门的人员还要接受 6 至 9 个月的业务学习。

事实上，在 IBM，培训从来都不会停止。在 IBM，不学习的人不可能待下去。从进入 IBM 的第一天起，IBM 就给员工描绘了一个学习的蓝图。课堂上，工作中，"培训经理"和"师傅"的言传身教，员工自己通过公司内部的局域网络自学，总部的培训以及到别的国家工作和学习等等，庞大而全面的培训系统一直是 IBM 的骄傲。鼓励员工学习和提高，是 IBM 培训文化的精髓。如果哪个员工要求涨薪，IBM 可能会犹豫；如果哪个员工要求学习，IBM 肯定会非常欢迎。

IBM 非常重视素质教育，基于此，IBM 设置了"师傅"和"培训经理"这两个角色，将素质教育日常化。每个新员工到 IBM 都会有一个专门带他的"师傅"。而"培训经理"是 IBM 专门为照顾新员工、提高培训效率而设置的一个职位。

日本松下电器公司有一句名言："出产品之前先出人才。"其创始人松下幸之助更是强调："一个天才的企业家总是不失时机地把对职员的培养和训练摆上重要的议事日程。"

一个企业要想在现代社会的竞争中立于不败之地，就必须重视对员工的培训。随着科学技术的发展和社会的进步，企业中的"事"，即工作，对人的要求越来越高、越来越新，人与事的结合常常处在动态的矛盾之中。今天你是很称职的职工，如不坚持学习，明年就有可能落伍。人与事的不协调是绝对的，而解决这一矛盾的根本方法之一就是进行员工培训。

目前，国内已经有很多企业把人力资源的开发与培训作为一项重要的发展战略，如联想、海尔等都建立了培训中心或大学。随着知识和技术更新速度的加快，企业需要不断创新和引进新设备、新技术、新工艺、新知识，这就要不断地对员工进行培训。通过培训可以增强员工对企业决策的理解和执行能力，使员工掌握企业的管理理念和先进的管理方法、技术，不断提高企业的市场竞争力。

现代管理学之父彼德·杜拉克认为，企业的管理人员应该具备教练的素质和能力，只有这样才能训练和指挥自己的员工在工作中表现出高效率的节奏。企业管理者应该花费30%到60%的工作时间用于对员工的指导和培训。只有做好员工的培训和指导工作，员工才能取得更大的成绩，同时也会帮助企业取得成功，从而使整个团队得到共赢。

培训是企业风险最小、收益最大的战略性投资

随着全球经济一体化进程的不断加快，近年来，人们都在谈论如何应对知识经济的挑战，实际上知识经济最核心的问题是人的素质问题，也就是人力资源的形成、使用和开发问题。随着跨国公司的涌入和知识经济的发展，中国企业所面临的市场形势日趋严峻，企业重视员工培训，对企业、对员工将会是一个双赢的选择。

在激烈的市场竞争条件下，一个企业要想有长足的发展，就必须有人才、技术、信息、资源作支撑，其中人才素质的高低对企业发展有着不可估量的影响。低素质的人才队伍，不仅生产效率低下，而且会造成大量浪费。有人在对汽车行业油漆工的工作进行分析时发现，一个技能低下的油漆工人，仅在使用油漆喷枪一项上，一年就会浪费近10万元的油漆。在某种意义上说，员工培训，是一项回报极高的投资，通过培训，使员工队伍素质得以提升，从而实现增收和节支双重回报。在面临全球化、高质量、高效率的工作系统挑战中，培训显得更为重要。培训使员工的知识、技能与态度明显提高与改善，由此提高企业效益，获得竞争优势。

我们都知道，一个企业的人才队伍建设一般有两种方式：一种是靠引进，另一种就是靠自己培养。而通过自身培养的人才往往对企业更加忠心，并能作出更大的贡献。所以企业应不断地进行员工培训，向职工灌输企业的价值观，培训良好的行为规范，使职工能够自觉地按惯例工作，从而形成良好、融洽的工作氛围。通过培训，可以增强员工对组织的认同感，增强员工与员工、员工与管理人员之间的沟通，从而提高团队的凝聚力。

杰克·韦尔奇曾经说过："员工培训是企业风险最小、收益最大的战略性投资。"

杰克·韦尔奇回忆自己在美国通用电气公司任 CEO 的时候，曾经这样说道："我在对员工的评估上花了很多精力，在对员工的培训上，也没少费心机。通用经常进行各种培训，让员工不断进行技术更新，和公司一起成长。要做到这些，是一个巨大挑战。如何让员工和企业一起成长呢？我认为注重员工培训是可行的方法之一。我非常看重员工培训。我经常到员工培训现场去，每月平均 12 到 15 次，每次差不多都要待 2 到 3 个小时。"

员工培训的直接目的就是要发展员工的职业能力，使其胜任现在的日常工作及未来的工作任务。在能力培训方面，传统的培训重点一般放在基本技能与高级技能两个层面上，但是未来的工作需要员工具有更广博的知识，要培训员工学会知识共享，创造性地运用知识来调整产品或服务的能力。同时，培训使员工的工作能力提高，为取得良好的工作绩效提供了可能，也为员工提供了更多晋升和增加收入的机会。

很多企业的管理者都认为，对于员工的培训是一项重要的且不可或缺的人力资源投资，但从另一个方面来讲，对员工的培训同时也是一种有效的激励方式，例如：组织业绩突出的员工去外地参观先进企业，鼓励员工利用业余时间进修并予以报销费用等。据有关调查，进修培训是许多员工非常看重的一个条件，因为金钱对于技术和知识型员工的激励是暂时的，一段时间可以，长时间不行，他们更看重的是通过工作得到更好的发展和提高。

培训的作用不容忽视，培训可以留住人才，培训可以吸引人才，培训可以开发人才，培训可以为企业带来不可估量的价值。不少人才在考虑是否更换工作时，都会优先考虑未来雇主是否能提供好的培训机会，不少世界五百强企业恰恰以培训机会来吸引合适的候选人，如到美国总部进行免费学习半年，每年固定有出外培训费用，而且规定员工必须花完。这怎能不让人动心？是培训给了员工力量，是培训让员工依然怀念在公司的一切，可以肯定地说："培训的价值是无限的。"

理念三十四

领导者，你是狮子还是绵羊

理念三十四
领导者，你是狮子还是绵羊

你要成为一只狮子

有一天，一只兔子在一个山洞前写论文。

一只狼走了过来，看到兔子非但不怕他，甚至都不搭理他，就好奇地问："兔子，你在写什么?"

兔子漫不经心地回答说："论文。"

狼又问："什么题目?"

兔子答："《论兔子是如何吃掉狼的》。"

狼听了哈哈大笑，表示不信，于是兔子就把狼领进山洞中，不一会儿，兔子自己走出山洞，坐在洞口继续写论文。

片刻后，又有一只狐狸走了过来，同样非常好奇地问："兔子，你在写什么呢?"

答："论文。"

问："什么题目?"

答："《论兔子是如何吃掉狐狸的》。"

狐狸不信，于是像狼一样，它们一同进入山洞之后，只有兔子走了出来。

最后，在山洞里，一只狮子在几堆白骨之间，满意地剔着牙读着兔子交给它的论文：《一只动物，能力大小并不重要，关键看你的老板是谁》。

美国管理学家布罗克曾经说过这样的话："跟随一个能干的、优秀的、有权势的领导可以使你拥有更多进步和提升自我能力的机会，而其更容易实现个人的目标和理想。"这就是驰名管理学界的"布罗克法则"。

中国有句俗话说，强将手下无弱兵。对于员工来说，谁都希望自己跟随的领导者是一个最能干、最有权力的领导，因为只有这样才能够更快地实现自己的理想，才能够掌握更多的机会。

好的领导者就是寓言故事中的那只狮子，能够让最弱小的下属也发挥出巨大的力量。好的领导者在对员工的管理过程中，并不是简单地告诉下属做什么，让他们机械地完成工作，而是在工作的过程中为他们指明目标和方向，并告诉他们如何做才能达到既定的目标。

衡量一位领导者是否出色，最重要的标准不是他自己完成了多少工作，以及具备多么高的能力和水平，而是他是否能够激发下属的自主能力，使每一个人都能独立工作，而不是成为唯命是从的傀儡。成功的管理者应当扮演狮子的角色，他们的价值就是把一群人发动起来，即便他的下属都是绵羊，也要把他们锻炼成一支能够打败狼的团队。从某种意义上说，领导者必须成为所有员工的理想楷模。领导者的基本素质直接决定了员工的基本素质。正所谓："愚"将手下无强兵，"智"将手下无弱兵。

很多领导者都有这样的抱怨：为什么我的下属永远不能和我步调一致？其实，没有带不好的兵，只有带不好兵的将军。遇到这种情况，领导者应该首先反省一下自己的领导方式，看看自己的问题出在哪里。

拿破仑曾经说过一句很著名的话："一只绵羊率领的狮子军团永远也不可能打败一头狮子所领导的绵羊部队。"这句话告诉我们一个出色的团队领导具有难以估量的巨大作用。现在，用这句话衡量一下你自己，你究竟是只狮子还是只绵羊？

恰当处理同下属之间的关系

处理好人际关系是管理上的一门重要的学问，我们的祖先在处理人际关系方面给我们留下了很好的方法和原则。孔子说："临之以庄，则敬。"意识是说，领导者不要和下属过分亲密，要保持一定的距离。

美国通用电气就非常主张"人际关系应保持适度的距离"，通用电气前总裁斯通首先就是"适度距离"的身体力行者，率先示范，密者疏之，疏者密之。斯通在工作中与公司高层管理人员接触较多，因此，他在工作以外的时间就会有意拉大与他们的距离，他从不邀请公司同僚到家做客，也从不接受同僚邀请；相反，对普通工人，出纳员和推销员，他却有意亲近，微笑问候，甚至偶尔"家访"。

1980年1月，在美国旧金山一家医院里的一间隔离病房外面，一位身体硬朗，步履生风，声若洪钟的老人，正在与护士软磨硬泡地要探望一名因痢疾住院治疗的女士，但是，护士却严守规章制度毫不退让。然而，她怎么也不会想到，这位衣着朴素的老者，竟是通用电气公司的总裁，一位曾被公认为世界电气业权威杂志——美国《电信》月刊选为"世界最佳经营家"的世界企业巨子斯通先生。护士也根本无从知晓斯通探望的女士，并非他的家人，而是公司的加利福尼亚州销售人员哈桑的妻子。哈桑后来知道了这件事，感激不已，每天工作达16小时，为的是以此报答斯通的关怀，哈桑的销售业绩一度在全美各地区评比中名列前茅。正是这种适度距离的管理，使通用电气公司事业蒸蒸日上。

在工作中，人际关系远则不利于信息交流、工作支持；人际关系近则不利于原则把握，过于陷于个人关系上，有时会公私不分，甚至涉及私密问题的泄露，在一定的时候受到伤害，不仅不利于工作开展，大家的工作与人际关系也都会受到影响。保持"适度距离"从管理角度上讲是充分尊重并认可每一位企业员工在公司的重要性，这种做法符合人性内在渴望平等的心理需要，从而能营造出一种和谐的人际氛围。与下属保持合适的距离，既不会使你高高在上，也不会使你与下属混淆身份，这是管理的最佳状态。距离的保持靠一定的原则来维持，这种原则对所有的人都一视同仁：既可以约束领导者自己，也可以约束下属。掌握了这个原则，也就掌握了成功管理的秘诀。

不要让你的坏情绪影响到整个公司

在日常生活中，我们常常会发现这样的情况，当一个人的情绪变坏时，潜意识会驱使他选择对下属或无法还击的弱者发泄。受到上司或者强者情绪攻击的人又回去寻找自己的出气筒。这样就会形成一条清晰的愤怒传递链条，最终的承受者是最弱小的群体，也是受气最多的群体，因为也许会有多个渠道的怒气传递到他这里来。

这在心理学中被称为"心理转移机制"，而在管理学中则被称为"踢猫效应"，意喻人的不满情绪和糟糕心情，会沿着等级和强弱组成的社会关系链条依次传递，由金字塔尖一直扩散到最底层，无处发泄的最小的那一个元素，即"猫"，则成为最终的受害者。

我们每一个人都不是孤立地生活在这个社会中的，无论是工作中还是生活中，我们都需要同各种人产生关系。作为一个企业的领导者则尤其应该如此。

情绪是客观事物作用于人的感官而引起的一种心理体验，当然也就有好情绪和坏情绪之分。所以造成情绪感染的效果也就有了正面和负面一说。同时就会产生积极的和消极的两种心态。良好的情绪会让人有一种健康向上的心态，因此也就会形成一种轻松愉悦的气氛，使身边的每一个人都有一个愉快的心情。而厌烦、压抑、忧伤、愤怒的消极情绪则会造成紧张、压抑甚至是充满敌意的气氛。而这样的坏情绪又会直接影响和波及到你的家人，朋友和同事，也极有可能造成一系列的连锁反应。就像扔进平静湖面的小石头，涟漪一波一波地扩散，作为一名企业管理者，你一个人的消极情绪会影响到整个公司。

领导者遇到挫折或不顺心的事就拿下属当出气筒，这样的领导者即使事业上取得了一定的成绩，也难有真正的成功。一个人如果不能与人为善，不能宽以待人，反而经常向周边释放消极的因子，成为消极情绪的传染源，导致所处环境的恶化，怎么能谈得上真正意义的事业成功呢？

碰到问题，在我们大脑里闪现的第一个念头，就是我们对这件事情的一个情绪反应。这一闪念往往都会比较冲动，也最容易造成误会的产生。就在我们的情绪处于失控边缘时，只要我们稍微让自己冷静一下，不要在自己情绪激动时作出决定，并用"尽管……但是……"来开导自己。在处理事情之前，切记要先处理心情。因为只有拥有一个好的心态，才能防止我们发出一些不理智的行为。

人生犹如跌宕起伏的海洋，我们人就是那航海的船，而情绪无疑就是那船上的帆。只有我们适时地调整帆的方向，也就是学会控制自己，才能避免有可能发生的"船毁人亡"，阻止可能由此带来的一系列不良结果的产生。

理念三十五

找到属于你的千里马

理念三十五
找到属于你的千里马

千里马靠吸引

中国有句俗话说"一个篱笆三个桩，一个好汉三个帮"。喻指一个人再神通广大，再如何有能力和才华，也总有无能为力的时候。事实如此，在现在的市场环境下，想要通过单打独斗来获得成功是越来越不可能的了，作为一名企业的管理者要想使自己的事业成功，如果没有得力的人才相助，那就注定难以成功。

我们都知道，对于一个企业而言，人才作为企业生存发展的决定性因素，是一个企业能否成功的关键。当然，对于企业的管理者而言，人才的选聘工作也应作为企业一项长期而重要的任务来抓。企业经营不是过路生意，因此人才的选择不能只满足企业的一时之需，只有那些以"着眼未来"为选才政策的企业才能做到有效的人才选聘。

纵观历史长河中的英雄豪杰们，几乎都离不开才华出众的人才辅佐。同样道理，成功的管理者，身边总有几员得力干将，这些人能做到对管理者、对团队忠心耿耿、甘苦与共。但是如何才能将人才吸引到你的周围呢？有一句古话说"家有梧桐树，引得凤凰来"。如果你的企业真的是一棵高耸入云，郁郁葱葱的"梧桐树"，那么也就自然不用发愁没有"凤凰"的到来了。

作为一名企业的管理者要想招到最出色的人才来为你工作，你就应该把选才当做企业管理工作的重点和焦点来对待，时刻关注它，改善它，才能把握住企业管理的关键。企业唯有不遗余力，同时讲究灵活应变，以公开透明、竞争择优为原则，坚持从工作需要出发，以素质和技能为导向，做到不拘一格，这样才能广纳贤才，优中选优。也就是说，你要把你的企业打造成一棵能够吸引人才的"梧桐树"，只有这样你才能够吸引到最优秀的人才。

企业管理者应该明白，一家企业能否吸引人才，除了取决于企业的声誉、效益和发展前途等因素外，往往还取决于企业能否为人才提供种种便利条件和非常优厚的待遇。

在工作中，不管你用多么美妙的言辞表示感谢，不管你提供多么良好的训练，员工最终期望的是得到自己应得的报酬，让自己的价值得到实现。人们会按照市场情况和与一些合适的对象进行比较来衡量自己的收入，并且他们将以自己的收入来判断对工作的满意程度。不管一个人多么高尚，他可能会因谋求个人发展而牺牲收入，但他不可能长期如此，因为他要生存。

要使企业富于吸引力，就要付给人才合理的报酬。对最好的人才就要向他支付最好的报酬。"又要马儿跑得好，又想马儿不吃草"，这是一种天真的幻想，是对人才资源的掠夺性开发。国外一些精明的企业家深深懂得"价廉才不高，才高价不廉"的道理，因此竞相通过优厚的薪金待遇来吸引人才，并对有突出贡献的人才加以重奖。

世界著名的化妆品集团玫琳凯就非常注重对人才的吸引。它一方面用优厚的薪金建立一支素质高、效率高的雇员队伍；另一方面，对于技术一流、工作卖力的美容师和推销工作做得十分出色的人才给予较高的奖励。奖励方式有出国旅行，奖给贵重物品如豪华轿车、貂皮大衣、钻石戒指等。高薪和重奖，使该公司具有强大的吸引力。

要想你的企业更具有吸引力，企业的管理者应该更多地向社会宣传，介绍本企业的情况，提高企业知名度。另外，除了企业知名度和薪资待遇之外，企业是否具有良好的企业文化，企业是否能为员工提供良好的发展空间，以及是否具有良好的晋升机制和培训体系通常也是人才非常关注的重要因素。作为一名企业的管理者，如果能够重视这些方面的营造，招到优秀的人才自然不成问题。

管理者，应该成为最优秀的伯乐

《战国策·燕策一》中记载了这样一则故事：刚刚上台的燕昭王很有雄心壮志，想要广揽天下英才为己所用。但是却苦于找不到人才，于是他就向素有贤名的臣子郭隗请教，郭隗没有直接告诉他应该怎么做，而是给他讲了一个故事。故事说，很久很久以前，有一个国王非常喜欢马，特别想拥有一匹千里马。于是他就派出一位亲信带着很多钱去买马。那位亲信不到三个月就回来了。国王一看，这位亲信竟然花了五百金买了一副马骨头。于是勃然大怒道："我要的是活马，可是你竟然买了一副马骨。"但这位亲信却振振有词地说："马骨尚且用了五百金，何况活马。天下人一定会认为大王真心买马，好马就会自己找上门来。"后来，果然有很多人牵着良马名驹来找这位国君。郭隗讲完故事，对燕昭王说："如果大王连我这样的人都能重用，还愁天下人才不来吗？"于是燕昭王恍然大悟，筑起黄金台，拜郭隗为相，果然，天下英雄纷纷而至。

每个人都知道人才的重要性，但是我们却经常会发现，很多企业的管理者每当企业发展遇到问题时，首先想到的往往是设备或者工艺流程的改进，而对身边人才的巨大潜能漠然无视。如果管理者能够有效地将这些浪费的人力资本转化为生产力，企业定会在人才竞争的时代脱颖而出。那么，怎样做个发现千里马的伯乐？怎样才能让人才的潜能充分发挥？

人才是一种客观存在。能否发现他们，合理使用他们，并充分发挥他们的聪明才智，关键在于管理者能否爱惜人才、尊重人才，是否认识到人才在事业中的地位和作用。所以说，用人首先是识人，识人就要具备识人之慧眼，就要知人之情况。一个企业所需要的各种人才固然十分重要，但善于识别人才的管理者更加难得。古人云"得十良马，不如得一伯乐"，说的就是这个道理。

成功的企业管理者，不但自己是实干家，而且更是善于识才、长于求才的智者。要造就出类拔萃的企业，就必须本着求贤若渴、诚心诚意、唯才是举的态度，千方百计为企业发现、培养和寻求急需的人才。其中更重要的是发现和任用企业内部的人才。

历史上有很多事例可以说明善用组织内部的人才的重要性，例如，被称为汉初三杰之一的韩信，在最初投入到刘邦麾下的时候，只是一名看大门的兵，而且一直得不到重用，这才出现了后来"萧何月下追韩信"的著名典故。在当今知识经济时代，这个故事更被赋予了特殊的意义。一个企业如果长期埋没人才或者不能人尽其用、量才适用，势必造成人心涣散，人才流失，我们已经看到了无数人才流失给企业带来的损失和危害，也看到了一些企业家对这一现象的愤慨和忧虑，撇开其他因素不谈，企业家主动发现和任用内部人才，为他们提供和创造发挥才能的广阔空间，应该是防止人才流失的积极做法。

一个有心的企业管理者是可以随时随地发现人才的。

一位厂长到工厂的车间去巡查，发现一名员工在擦玻璃，擦完玻璃又主动去擦机器、拖地板，收拾车间零乱物品等，他问车间主任："这是你们请的勤杂工吗？"

"不是，"车间主任回答说，"他是我们车间新来的员工。"

"你以后可以注意考查他，应该很快提拔他。"厂长对车间主任说。

这个员工果然很快成长了起来，成了企业的优秀人才。

这个例子说明企业管理者应该无时无刻都在考查和识别人才。人们常把独具慧眼识别人才并大胆任用人才的领导称为伯乐，实际上员工就是最好的伯乐，因为他们在日常工作中对周围同事的才能知道得最清楚，最能作出公正的评价，管理者可以通过员工调查、推荐的方法来发现人才。美国柯达公司就曾用无记名投票的方法，发动员工推荐主管以上的领导，并要求推荐者在推荐票上写明推荐理由，由此发现了不少人才。

　　一个企业如果连内部人才都不能发现和任用，那么对费好大的力气从外部招聘来的人才也不能保证会留得住、用得好，久而久之，企业就会因缺乏凝聚力、向心力而导致人才流失，最终功亏一篑。

理念三十六

招到人才更要留住人才

理念三十六
招到人才更要留住人才

营造吸引人才的环境

一个企业能否吸引人才，除了优厚的待遇和薪资外，最重要的就是企业的环境，这个环境不单单指工作的自然环境，同时也包括整个团队的工作氛围。在企业中，舒适的工作环境、宽松的管理和良好的人际关系、行为规范、积极向上的敬业精神、互助精神和互谅互学的良好氛围是每一名员工都希望得到的。

作为企业的管理者，如果能够在公司中营造出适宜人才发展的环境，将会对人才的工作激情、才智发挥以及团队凝聚力等方面有非常重要的促进。

我们所说的环境，主要是指自然环境和精神环境两种。这两种环境对于吸引人才来说，相辅相成，缺一不可。

自然环境，顾名思义，就是指人才工作的环境，包括工作地点等因素。良好的工作环境能够使人才提高工作效率，发挥他们的想象力和创造力。微软公司就十分注重为人才创造舒适的工作环境，这也是它能成为全世界最有活力和创造力的软件人才基地的重要原因。

微软公司让每一个程序员都有一个独立的办公室，而且保证每间办公室都能凭窗眺望，并且满目青翠。微软园区内有良好的公共设施，有公共汽车、百货公司、餐厅、酒吧等设施。微软园区内充满了民主与平等的氛围，员工可以随便着装，不必西装革履；可以无拘无束地到处穿行；可以用电子邮件直接与比尔·盖茨联系与交流。微软园区里表面宁静、祥和的氛围与员工日复一日、年复一年紧张忙碌的工作形成了强烈的对照。微软的员工从理论上讲是执行灵活的上下班时间，也规定了八小时工作制，但是，微软的员工却经常是早来晚走，有些开发人员就更没有规律了，有的早上4点钟就来上班，有的深夜还在加班。到了夜晚，微软的各幢大楼依旧灯火通明，天天都是不眠之夜。公司虽然允许一部分员工在家里上班，甚至由公司提供电脑，但员工更习惯于在一幢幢办公楼里工作，这里的氛围更令人振奋。所以，微软能成为技术上的巨人。

当人才在自己专有的办公室内苦思冥想时，窗外是安静而美好的大自然，他们在身心愉快的环境中工作，哪怕工作压力再大，也比在一个使人烦躁的环境中好得多。舒心的工作环境，确实能够吸引并留住人才。

当然，并不是所有公司都能够像微软一样为员工提供如此优秀的自然环境，作为一名企业的管理者，你可以没有宽敞舒适的办公室，但你应该明白，营造一个公开、平等、透明、充满昂扬斗志和团结互助的工作氛围则可以大大弥补物质环境的不足。

实际上，工作氛围代表着一种士气，是企业的团队组织在日常工作中所具备的精神状态的整体体现。优秀团队中的工作氛围是活泼严谨、昂扬向上的，而糟糕的组织中的工作氛围则可能表现得死气沉沉、活力尽失。

企业中的工作氛围对员工的工作效率有着重要的影响，世界范围内成功企业的具体实践以及与之相关的研究表明，工作氛围的质量，直接影响着每一位人才的业绩水平、发展定位、工作满意度，同时也影响着每一个组织的绩效！在良好的工作氛围下，目标明确、流程简洁、沟通顺畅、奖罚分明、人人积极进取，人才有良好的成就感、自信心，能及时认识自身的不足，并具有自我推动的能力；整个团队富有高度的责任感、凝聚力与向心力，每一个人都能够充分发挥自己的潜能，都愿意为实现组织目标而加倍努力——这就是我们追求的高绩效的工作氛围。

企业的管理者是企业中工作氛围的主要营造者。企业精神环境的建设在很大程度上取决于管理者的管理作风。管理者要高度重视组织内部工作氛围的建设，因为营造一个良好的工作氛围，这不仅有利于提高人才的工作积极性和稳定性，促进部门工作绩效的提高，还能为推行各项管理工作提供保障。融洽、和谐的工作环境可以使人才全身心地投入工作，并充分发挥潜能，而这也是营造高效型团队的必要条件。相反，如果员工士气低落，员工与员工之间、员工与管理者之间存在隔阂，工作在剧烈摩擦阻碍下进行，其结果必然导致工作效率低下。

每个人都希望在一个氛围良好的企业中工作，渴望有一个高效协调的工作氛围，更期望有个好的工作绩效，但高质量的工作氛围的营造要靠企业管理者和每位员工共同努力。

为人才提供成长的空间

在当今社会，人才是第一生产力的论断已经被普遍认可。在市场中，人才作为一种最重要的人力资源已经成为无数企业争夺的对象。为了更好地吸引到人才，以什么优势吸引和留住人才，是时下企业高层管理者经常思考的问题。高薪、舒适的工作环境、良好的企业声誉以及个人成就感和地位等，无疑都是具有吸引力的。但最重要的则是一个企业能否具备一套较完善的培训体系，能否为员工、尤其是青年员工提供一个良好的发展空间。

西门子是世界上最大的电器和电子公司之一。作为一家世界著名的高科技公司，西门子坚持选择既有进取心、责任感、团队精神，又具有坚实的专业背景和熟练的业务技能的人才。这些人才既可以是刚刚走出校门的应届毕业生，也可以是已经积累了一定工作经验的专业人士。

西门子公司一贯认为员工是公司的最大财富，并为员工的发展制定了一整套切实可行的措施，例如"员工综合发展计划"。

"员工综合发展计划"是西门子（中国）公司与公司总部同步实施的一项员

工发展方案。根据员工的不同情况，公司为每一位员工制订了短期和长期的发展规划，并通过技术和管理培训、工作轮换、国际交流、项目参与、以及晋级、加薪等不同步骤加以实施。在该计划的实施过程中，公司人事部、各部门经理和员工本人之间保持不断的交流，以增加透明度，让员工清楚自己在公司的发展轨迹，同时公司和员工还可以根据实际情况随时调整各自的目标。

马斯洛的需要层次论认为，人在满足了低层次的物质需求之后，就偏重于更高的精神需求。在工作中，员工认真负责地工作会得到金钱上的报酬，但是更为重要的是员工的发展和人生价值的实现。企业通过为人才提供能满足其需要、提高人才满意度的环境，从而为企业吸纳有用之才，并留住人才，是企业选人策略中的一个重要内容。企业如果为人才提供恰当及时的培训，或者给予广阔的发展空间和同等的晋升机会，供其施展才能，就会满足人才更高层次的需求，对人才形成吸引力和凝聚力。

联想集团从这些年的发展之中，总结推出了"人是联想最核心的竞争力"这一人才观，有些企业可能把品牌、渠道、技术或者研发作为企业最核心的竞争力，但是作为高科技类型的企业，知识和人的因素在企业里面起着决定性的作用，所以联想提出了"人是联想最核心的竞争力"这一观点。联想的用人理念是"吸引人、培养人、留住人、用好人"，尽最大的努力为员工提供足够的发展空间。

在联想可以根据个人的职业兴趣与专长选择行政升迁和专业发展两种发展道路。2000 年以来，联想在完善行政发展序列的基础上，建立了专业发展序列——联想自己的技术职称体系，从而为各类专业技术人才提供更多的选择机会和发展空间。目前，联想已经推出了研发、工程、技术支持等几个技术职称序列。2001 年至今，在三个技术专业序列外，联想逐步开始建立渠道销售、大客户销售、产品、采购、财务、管理咨询（IT）等序列的专业发展道路，通过明确各类岗位的胜任能力要求，为员工确立专业发展路径和方向，并有针对性地开发系列培训课程，这样员工可根据自己的情况有重点地进行能力提高。

为了保证员工在联想得到更大的发展空间，公司还推行轮岗制度，实行关键岗位的竞聘制度，让员工在多个岗位工作，多方面发展自己的工作能力。

作为国内首屈一指的 IT 巨头，联想始终倡导员工"将个人的职业发展融入到企业的长远发展之中"，个人将自身的职业发展与企业的发展需要紧密联结起来，企业通过持续发展为员工创造更宽广的空间和舞台，从而实现联想与联想人的共同成长。正因为联想能够为人才提供更广阔的发展空间，才吸引了众多人才的加盟，从而促使联想更快速地发展。

作为一名企业的管理者，你应该尽可能地为员工提供发展空间，这不仅仅是单纯的职位晋升，还包括个人学识和专业技能的增长，只有这样才能吸引人才并留住人才。

理念三十七

注重用人策略，减少人才流失

理念三十七
注重用人策略，减少人才流失

人才流失会导致企业衰败

随着经济的飞速发展，市场竞争也变得日益激烈，而在这场没有硝烟的战争中，众多企业对于人才的争夺也显得愈发激烈。大量跨国公司在扩张过程中实行的都是人才本土化战略，他们登陆中国的第一步便是"挖人"。同时，本土崛起的民营企业发展也相当迅猛，对人才的渴求同样非常迫切。这就导致在未来相当长的一段时间内，高素质人才在各个企业之间流动将成为一种常态。

中国有一句古话说："流水不腐，户枢不蠹。"意思是经常运动的东西不容易受到侵蚀，可以经久不衰、充满活力，但是人才的流动对于企业来说却是弊远远大于利。

国际企业及专业招聘协会曾经在 2002 年的一篇名为《症结：企业员工因何流失及其所造成的损失》的研究报告中指出，人才的流失已经成为当今企业界中导致企业衰败的重要原因之一。并以详细的数据说明了一名员工的流失对企业造成的影响和带来的损失。以一家拥有 500 位业务人员的礼品进口商为例，如果其员工流动率是 100% 的话，那么企业为这些流动的员工所付出的费用超过 20 亿美元。

事实上，人才的流失为企业带来的并非仅仅是经济上的损失，还会带来以下几个方面的危害：

人才流失带来的最直接损失就是企业不仅要为员工流失之后花费招聘成本，还要支付更加高额的培训支出，以及因人才流失之后不可避免要承担的一段时期内工作效率下降所造成的隐性成本。人才流失除了会造成企业直接成本的损失外，还有间接成本的损失。

上面所述的仅仅是人才流失对企业造成的必然的损失，还有些可能会发生的情况会对企业造成更加难以预料的危害，甚至直接将一个企业推向绝地。

1989 年，段永平执掌小霸王帅印的时候，小霸王还是一个初创的小厂子，但是经过段永平 6 年的经营之后，小霸王的产值已经超过 10 亿元人民币，可以说没有当年的段永平也就没有当时名震大江南北的小霸王学习机。虽然在 1995 年的时候，小霸王学习机的市场份额已经达到了 80% 以上，但是段永平却依然心存壮志，他一直渴望做一名真真正正的企业家，并希望把小霸王做大做强，做成中国的松下。但是段永平却发现，他的这个愿望似乎根本就无法实现，虽然他使小霸王的资本越聚越多，但是他却并不真正拥有小霸王的所有权和支配权。企业内部的一切战略决策，都要公司总部来拍板决定。于是，他向小霸王的总公司怡华集团提出对小霸王进行股份制改造，但几次三番都被驳回或者搁置。1995 年再次被拒绝之后，段永平决定辞职。

段永平要辞职的消息一出，整个公司上下全被震动了，特别是由段永平一手组建的小霸王团队更是如临深渊一般恐慌。虽然怡华集团老总陈建仁多次挽留，但是段永平去意已决。随后段永平到深圳东莞创立了步步高电子有限公司，接着曾经在段永平手下的小霸王众多高层管理者纷纷跳槽到步步高，总计有数百人之多。

凭借着出色的能力和市场定位，段永平的步步高凭借无绳电话、VCD 等产品开始步步登高，仅仅几年时间就成为国内家喻户晓的品牌，现在更是成为行业内的领军品牌，而反观当时如日中天的小霸王，如今已然衰落了。

段永平无疑是一位不可多得的人才和杰出的企业家，如果当时怡华集团能够留住他，说不定小霸王真的会被他打造成中国的松下。而对小霸王来说，段永平以及众多高管的跳槽无异于一场"灭顶之灾"。

人才的流失对于企业的影响是巨大的，尤其是那些技术人员、管理人员以及销售人员的流失，会造成其所掌握的技术、客户的随之流失，一些商业机密甚至也会被泄露。员工的流失还会对在岗人员的工作情绪造成严重的打击，甚至会导致更大范围的人才流失，特别是如果流失的人才处于团队或组织中的核心地位，那么集体跳槽现象将会不可避免。作为一名企业的管理者应该谨慎对待人才的流失，以免对企业的经营造成严重影响。

人才流失的原因

当今市场竞争中，在某种程度上来说赢得了人才也就赢得了竞争的胜利。也正是因为如此，猎头公司成为了上个世纪末到本世纪初最为繁荣的行业。与此相应的，这个阶段也就成为了有史以来人才跳槽最为频繁的时期。

毋庸置疑，人才的流失会给企业带来较大的负面影响，甚至可能是灾难性的后果，因此，如何留住人才，尤其是留住组织的核心人才就成为企业的管理者最应该关注的问题。

通常而言，人才的流失分为个人原因、组织原因和外界原因。因个人原因离职的员工，其大多是将企业当做自己职业生涯发展的跳板，在企业工作对他们而言就是为了获得工作经验或是学习相关技术，一旦目的达到，他们就会选择待遇更高、发展空间更大的企业。

从组织方面讲，导致企业优秀人才流失的根本原因在于企业管理问题。其中管理者素质不高、员工激励机制不健全、未能建立有效的评估体系、缺乏合理的薪酬结构、未能建立针对核心员工的长期职业发展规划和没有好的企业文化氛围是人才流失的主要问题。正是这些原因导致了企业核心员工，尤其是高管人员频频跳槽。

一般来讲，各公司流失的优秀人才并没有转做他行，其中绝大部分直接加盟了原企业的竞争对手，因为这些公司与各自竞争对手之间人员和技术具有非常高的替代性，其中职位结构与要求也极其相似。正因为如此，公司培养的优秀员工，如技术骨干或是部门经理等极易得到竞争对手的青睐，后者为吸引这些优秀人才加盟，往往开出优厚的条件加以猎取，这也是公司优秀人才流失的一个重要原因。

如何应对人才流失

人才的流失不仅对企业来说是一件不幸的事情，对人才本身来说也是一个痛苦的经历。在人员离职之前，往往会表现出一些征兆，例如工作的专心程度下降、迟到早退和缺勤现象增加等等。好的管理者应该在这些方面多加注意，并及时采取措施。

当人才表现出去意，但尚未正式提出的时候，管理者应该采取一些措施进行挽留，具体做法是：与尚未拿定主意的人才进行谈话，引导他们考虑一些企业实际存在的但不能从数量上看得到的积极因素，让他们坦诚地说出自己决定离职的原因。这个时候，想要离职的人员通常都会很吃惊，并从心里感觉到自己被管理者重视，同时也会比较客观平静地考虑管理者的建议，并重新衡量自己是否应该作出离开的决定。这种措施虽然不能说绝对有效，但是会在很大程度上改变人才的决定，特别是当管理者有针对性地解决人才在工作中所受到的困扰之后。

尽管人才在辞职之前会表现出很多的迹象，但是也并不是所有的管理者都能够敏锐地察觉到这些苗头。不过，管理者还有一些工作可以做。当人才提出辞职的请求之后，管理者应该进行积极的劝阻。首先作为管理者你应该作出强烈的反应，因为这会让人才觉得你很重视他，切忌不冷不热地说"要走就走吧"之类的气话。

当员工向管理者提出辞职意愿之后，管理者一定要对此保密，切不可公之于众。因为很可能辞职者并未完全作出决定，甚至很有可能改变决定，而一旦所有人都知道他要离职，那么即便他没有下定决心也会很快就决定走的。

当人才流失已经不可避免的时候，管理者应该做的是与提出辞职的人进行坦诚的交心。有一些人很可能并不是真心想要离开，而只是以此作为满足自己愿望的方式，例如工资增加、职位变换等。进行沟通的时候，管理者一方面要诚恳地劝说人才留下来，另一方面要倾听人才对企业的意见，尤其是辞职的原因和他打算去什么样的公司。通过了解这些信息，管理者一方面可以寻找人才的心理突破点，更重要的是管理者可以了解到企业管理中存在的弊端。

松下幸之助在跟随了他26年之久的后藤清一离开公司的时候，用了一个多小时的时间倾听后藤清一对公司的意见。松下幸之助认为这是花钱也买不来的宝贵建议。对公司的其他离职员工，松下也十分诚恳地请求大家留下对公司的批评和建议。

在与离职的人才谈话之后，当管理者了解到人才的离去已经不可避免时，管理者最应该做的就是采取措施尽可能减少由于该人才流失而造成的损失，并采取积极的预防措施，避免企业受到更大的损失。

理念三十八

别让压力成为阻力

理念三十八
别让压力成为阻力

适当的压力可以产生更大的效益

随着生活节奏的不断加快，特别是在一些大城市中，很多人都觉得如同陷入一个由各种各样的繁杂事务构成的难以自拔的泥潭之中，来自各个方面的压力让我们身心俱疲，想要拥有一种理想的平衡生活也因此显得越来越困难。

每个人都喜欢生活在一个宽松舒适没有压力的环境中，这是人的本性，自然无可厚非，但是我们也应该看到没有压力的工作和生活通常会使人表现出懒散、庸庸碌碌、毫无上进心等消极方面，所以，适当的压力能够促使你走向成功，特别是在企业之中，适当的压力可以激发更大的工作热情。

宋徽宗是一位喜欢书画并且有很深造诣的皇帝，有一天他突发奇想地问随从："天下何人画驴最好？"随从回答不出来，宋徽宗很生气，责令左右定要找到画驴最好的人。下属退下后急寻画驴出名者，惶急中得知一名叫朱子明的画家有"驴画家"之称，便欲召朱子明进宫画驴。朱子明得知被召进宫是为皇上画驴时，吓出了一身冷汗，原来他根本不会画驴，他本是画山水的画家，只因为其脸形狭长而似驴，好友们酒后戏谑，就给他起了个"驴画家"的绰号。但宋徽宗自然不会听他如此解释，若是自己不会画驴那可就犯了欺君之罪，情急之下的朱子明苦练画驴技术，在面圣之前先后画了数百幅有关驴的画，最后竟得皇上赏识，真正成了天下第一画驴之人。

　　有一句话说"没有压力就没有动力"，若是没有宋徽宗"画驴"的压力，朱子明也不可能得到皇帝的赏识而平步青云。这就是压力的作用。对于企业来说，适度的压力可以使员工集中注意力，提高忍受力，增强机体活力，减少错误的发生。压力可以说是机体对外界的一种调节的需要，而调节则往往意味着成长。无论是企业的管理者还是普通员工都要在压力情境下不断地学会适应，适应能力不断增强，工作效率也会随之提高。

谨防压力过大成阻力

　　美国著名的企业管理学大师沃伦·本尼斯曾经向参加他的企业管理课程的一些企业管理者极力推荐一本叫做《快乐工作》的书。这本书关于员工工作压力方面有这样一段论述，很值得企业的管理者思考。书中写道：正如一个人有责任对艰苦的徒步旅行作好充分的准备一般，公司中的每一个员工也有责任对工作中可能出现的困难作好充分准备。如果某个组织长期进行超负荷生产，并期望它的员工能够做到"坚强不屈、吃苦耐劳"，不久之后它就会发现自己已经耗尽了最强壮的员工的能量，于是不得不继续将重担压在较弱者身上，最终它将不得不付出更大的代价才能使公司恢复元气。

　　加拿大的一家企业管理咨询公司经过对国际上众多知名企业进行研究，得出了一组令人震惊的数据：压力导致了19%的旷工、40%的人员更替、30%的伤残花费以及60%的工作场所事故。国内某网站曾经针对广大职场人员作过一项关于工作压力的调查，短短的时间中就引来很多人的参与，在参加调查的几千人之中，18%的人选择"压力很大，我无处释放，要爆炸了"。

　　作为一名企业的管理者，你应该知道企业不仅要挑选适应能力强的员工，更要帮助员工管理压力，这方面并没有什么秘诀可言。快乐工作不仅是指要拥有一个宽松舒适的工作环境，还有人内心的舒适。仅仅是在公司设一个茶室或者组织一场球类比赛，并不能真正排解员工的压力，那些时刻处于紧张状态的员工也许一个月也不会在茶室里出现，潜移默化的指导和关怀更能使他们平静地面对压力。

企业管理者在对员工工作压力进行管理的时候，有以下方法可供参考：

方式一：实行弹性工作制度。

弹性工作制度是指允许员工在特定的时间段内，自由决定上班的时间。弹性时间制有利于降低缺勤率，提高生产率，减少加班费用开支，从而增加员工的工作满意度，减少压力的产生。

方式二：让员工参与管理。

很多时候，作为企业的员工，在对工作目标、工作预期、上级对自己的评价等方面都会具有一种不确定感，而这些方面则会影响到员工的工作效率。因此，如果管理人员让员工参与决策，就能够增强员工的控制感，帮助员工减轻角色压力。

方式三：有效疏导压力。

企业管理者应该充分认识到员工有压力、有不满是十分正常的现象。所以，企业有责任帮助他们调节情绪。员工只有将不满的情绪发泄出来，心理才能平衡，情绪才能平稳。因此，组织管理者应该开发多种情感发泄渠道，有效地改善员工不适的压力状况。

方式四：加强对员工的培训，增强专业技能。

管理者对员工进行提高工作能力的培训，如工作技巧的培训、谈判和交流技巧的训练等，帮助员工克服工作中的困难。另外从硬件和软件上不断改进，对员工的工作进行支持，而不能不顾实际情况提出不合理的要求。

方式五：针对特殊员工采取特殊措施。

管理者应该对特殊的员工采取特殊的措施，如对常出差的员工给予更多的帮助和支持，因为他们的工作与照顾家庭可能有更多的冲突，面临着更加复杂多变的工作环境，因此承担着更大的压力。

　　企业压力管理不一定能在短期内给企业带来快速回报的效益，但是潜在的、具有推动力的行为，将会在企业生命的延续方面得到体现。慢慢地，当缺勤率、离职率、事故率、工作效率等与企业经营息息相关的数字越来越令人满意时，相信无论员工还是老板都会露出最开心的笑容。

理念三十九

快乐工作，化解抱怨

理念三十九
快乐工作，化解抱怨

产生抱怨的五个原因

　　作为一名企业的管理者，当你察觉到团队中的一些员工原本非常敬业，但是最近一段时间却频频出现工作差错，并且经常一个人独处，不同周围的同事交流时，身为管理者的你就要注意了，因为他们已经向你亮出了红灯，开始警告你他们对一些事情不满，充满了一肚子的抱怨。如果你不能消除员工的抱怨，他们的情绪便会越来越低迷，甚至开始将他们的不满和抱怨向周围的人传递。

　　美国最受推崇的心灵导师威尔·鲍温曾经在他的著名畅销书《不抱怨的世界》中说过，抱怨就像是"口臭"，是会传染的。

　　如果你的办公室里有一个人开始抱怨，那么其他的人也会开始抱怨，继而整个公司的人都会开始抱怨，这就是抱怨的"传染性"。这种"传染性"是相互的，你可以传染给别人，别人也能传染给你。抱怨，除了有"相互性"之外，还有"叠加性"：如果你今天抱怨薪酬问题、明天抱怨环境问题、后天抱怨时间问题，那么到大后天你可能会抱怨所有的一切，包括你以前觉得还不错的东西，这就是抱怨的"叠加性"。

　　一个充满抱怨的团队是涣散和没有激情的，说得严重些，抱怨会毁掉一个人，同时也会毁掉一个公司。作为一名企业的管理者，你应该注意你的团队中是不是有抱怨的情况出现，如果有就应该尽快解决，否则它会逐渐演变成一场毁灭一切的风暴。

通常而言，在企业中下属的抱怨会由以下几个原因引起：

原因一：付出与回报不符。

有付出就有回报，这是每一个管理者对待人才的酬劳问题时应当遵循的原则。况且在现实社会中大部分的人都是为生计而奔波，解决物质需求才是首要问题。倘若一个人付出劳动所得到的回报却未能维持起码的生活，难免会让人心存不满。

原因二：管理者自身素质问题。

有的管理者自身素质不高，常常对下属呼三喝四，动不动就责骂下属。有这样的领导者下属自然会愤懑满胸，不抱怨才奇怪了。还有的管理者在管理的时候态度恶劣，骄傲自大、颐指气使，这样的领导想要获得下属的尊敬和喜欢同样难比登天。

原因三：人才不受重视，管理者不能公平对待人才。

很有才干的人却不能受到领导者的重用，而一些没什么才干，惯会阿谀奉承的小人却窃据高位。这种情况无论在古今中外都是普遍存在的。特别是对待那些表现卓越的员工，管理者的忽视往往会让他们的不满和抱怨直接指向管理者本人。

原因四：工作量太大，休息时间少。

工作繁重和休息时间少是员工产生抱怨的最普遍原因。很多公司只向员工分配工作，并要求在规定的时间内完成，至于员工是否需要超时工作，公司一概不予理会。遇到员工反映工作太多，必须抽出私人时间完成，管理者反而批评他无能。这种管理方式自然会使员工怨声载道。

原因五：前途无望和职业倦怠。

每一个积极向上的人都希望自己的事业蒸蒸日上，都希望自己在公司有所发展，但如果所在公司的管理者严把大权，一丁点儿都不给下属授权，而且也不为员工提供任何职业培训，自然就会让员工生出前途无望之感慨。当员工面临这种情况的时候，要么会心生怨恨，要么会辞职而去。

另外，无论你从事什么职业，在工作一段时期之后，如果公司不能够加以激励，你便会产生职业倦怠，并对目前的工作表现出厌烦的情绪。事实上，虽然这种原因看起来有些显得没有理智，但却是产生抱怨和不满情绪的重要因素之一。

虽然产生抱怨的原因多种多样，但是作为一名企业的管理者，无论抱怨的原因是什么，你都应该妥善处理。如果是管理者自己的原因，就一定要严于律己、以诚相见，从检查自己入手，勇于进行自我批评，本着有错必纠的原则，立即纠正自己工作中的失误。切不可故弄玄虚，或把自己的失误和过错轻描淡写地一带而过，更不必强词夺理、坚持错误或者马马虎虎、敷衍了事。如果是下属的原因，就一定要摆明事实、讲清道理，帮助下属准确地理解管理者的意图。如果是个别下属无事生非，没事找事，无端地怨天尤人，故意发牢骚、泄私愤、出怨气，那就一定要对其进行严肃的批评教育，促使他们明白纪律和制度的严肃性，从而消除侥幸和得寸进尺的心理，保持良好的心态和情绪，以积极的态度和崭新的精神面貌努力完成管理者交付的各项任务。

化解下属抱怨的方法

西方有一句谚语说："一个人不可能让所有人都喜欢，同样也不可能让所有人都讨厌。"在企业管理过程中也是同样的道理，管理者在企业管理活动中，无论做得多么好，也会有一些下属不满意。面对下属的抱怨，管理者应该如何化解？这不仅是检验管理者处事能力和水平的一个重要方面，同时对进一步改进工作方法、充分调动下属的积极性、提高下属的工作效率，都具有十分重要的意义。

作为一名企业的管理者，应该将员工的抱怨放在心上。这些抱怨对管理者来说或许微不足道，但对员工却甚为重要，因而不可掉以轻心，漠然视之。事实上，员工并不是只要心存抱怨就会愤然提出辞职，只有在有抱怨而又无人听取、其问题无人考虑的情况下才会产生失望之心，继而产生离开之心，这是一个再简单不过的道理。

联邦捷运公司是世界最大的邮递与货运公司，每天有几十万名员工在世界各地投递包裹和邮件达到 1300 万件。作为大型的跨国公司，联邦捷运将人视为企业最有价值的资产。在当今这个电子商务和网络迅猛发展的时代，人员的流动明显加快，然而，在美国联邦捷运公司工作 20 年以上的员工则随处可见。究其原因，是公司对员工的充分重视留住了员工的心。

联邦捷运公司为了处理员工的抱怨特地设立了由 CEO、最高经营主管、最高人事主管以及其他两位资深副总裁组成的"五人小组"，主要负责确认和解决员工的不满，几乎每个星期二上午，他们都会聚在一起对归档的抱怨和申诉进行审查和裁决。此措施充分体现了公司对员工的重视，保持了员工对公司的高忠诚度。

例如，员工认为自己受到了不公平的待遇等，可以方便容易地拿到专用的抱怨表格，填写后交给特定人员。正像员工手册中所写的那样："不管你因任何原因受到了处罚，你都可使用投诉程序。"

管理者在企业管理过程中，应该善于倾听员工内心的不满和抱怨。在企业中无论这名员工是优秀还是普通，都或多或少地会在内心中存有一些苦衷和抱怨，但大多数的员工会将这些抱怨都埋在心中，虽然有的时候可能会忘掉这些不愉快，但更多的时候则会在压抑中爆发出来。作为一名企业的管理者，应该都经历过员工辞职的情况。员工在辞职的时候，很多人都曾这样说过："因为薪水过低，我不干了。"实际上，这仅仅是表面的借口而已，其实，他们的心中已积累了许多的不满。

作为一名企业的管理者，你应该明白你有责任倾听下属的抱怨，一个出色的管理者应当对员工的抱怨欣然接受。可能有的管理者会觉得自己每天忙于各种事务，没有时间去听他们诉说，但是你应该知道这种不满和抱怨会产生多么严重的后果。有时候，他们倾诉怨言似乎希望你采取什么行动，而实际上只要你给他们一对儿善于倾听的耳朵，他们就心满意足了。如果抱怨的对象涉及到另外的下属或其他部门的员工，你必须也听取一下另一方的意见，以求问题能得到公正的解决。

很多时候，作为一名管理者往往给人一种高高在上的感觉，这就会造成同下属的疏远，自然也就难以听到员工的心声。所以管理者在与下属交流的过程中，一旦听到下属的抱怨，那就说明这种存在于员工中的不满状态可能已经存在了很久，这个时候作为管理者应立刻放下架子，深入到下属之中，谦虚真诚、满腔热情地与下属打成一片，认真地听取下属的意见，深入地进行调查研究，搞清是哪些下属在抱怨、抱怨什么，主动掌握有关方面的情况。

有的时候，员工的不满并不代表不忠，而且恰恰可能是因为对企业或管理者寄予了太多的期望，但却不能实现而形成的不满和怨言。实际上，管理者应该庆幸，因为正是有了这种抱怨和不满，才使你意识到企业里可能还有其他人在默默忍受和抱怨着同样的问题。默默忍受可以使下属忍气吞声，表面虽然平静，却会严重影响工作效率。如果你能随时处理他们的不满，解决他们的问题，抱怨者就会对你心存感激，从而更努力地工作。

管理者在开始解决引起抱怨的问题的时候，应该尽量避免因操之过急而使矛盾激化。如果你发现那些抱怨产生的根由是因为一些不理智和莫名的原因，并不准备为此而采取什么行动，那么你就应告诉抱怨者其中的原因。至少，你要让他们感觉到你听取了他们的抱怨，如果迟迟拖延不理，他们就会感到失望透顶。

下属有了抱怨，如果不及时解决，就会严重地影响其工作的积极性和进取心，从而消极怠工，或与管理者产生对立情绪，对管理者的工作不支持，对管理者的指示不服从，与管理者对着干，甚至可能会出现一些偏激的言行，对此，管理者一定要沉着冷静，保持良好的心态，切不可暴跳如雷、怒气冲天。要知道，下属的抱怨，可能是群众的呼声，包含着许多正确的意见和建议。简单地批评、盲目地禁止，只能说明管理者缺乏民主作风，听不得不同的意见和建议。

理念四十

打造完美的企业形象

理念四十
打造完美的企业形象

良好的形象是企业快速发展的助推器

2007 年的时候，美国华盛顿大学的一所研究机构曾经发表了这样的一篇调查报告，报告中揭示：在美国，每个成年人每年至少要接受 20 多万次的广告轰击。他们必须从 1200 多种鞋子中选鞋，从 800 多种服装中选服装，从 572 种汽车中选汽车，从 138 种牙膏中选牙膏，从 100 个电视频道中选节目。每年都会有 3 万多种新产品上市，让人们眼花缭乱……

从这份报告中我们能够看到，在当今的市场中，商品种类之多、同质化之严重已经成为困扰广大消费者的一个重要问题。同时我们也应该看到，随着市场经济的迅猛发展，商品日益丰富，消费者的购买愿望已不仅仅满足于对商品使用价值的物质需要，还对商品审美价值和商品品牌与企业形象有了更高的要求。这就要求企业不仅要在产品和价格上进行竞争，而且要在企业整体形象上进行竞争。在市场竞争日益激烈的新形势下，同行业的竞争更加体现在"高、精、尖"领域，企业要想在竞争中取胜，除了拥有质优价廉的商品和高超的技术外，更为关键的环节在于企业能否塑造个性鲜明、信誉良好的企业形象。

良好的企业形象可以提高消费者对企业的认知度，是企业牵着市场走的竞争战略。在当今社会中，企业形象已经被普遍认为是能够为企业赢得市场与顾客的最重要法宝，它不仅能给企业带来了无形资产，还是企业快速发展的巨大助推器。IBM 正是因为重视企业形象的塑造和管理，才能够在上个世纪中飞速发展，一举成为世界最大的电脑公司。

上个世纪 50 年代初期的时候，当时 IBM 公司的总裁小汤姆斯·华生认为 IBM 公司有必要在世界电子计算机行业中树立起一个巨人形象，这一形象要涵盖公司的创造精神和开拓精神，从而有利于市场竞争，跻身世界性大企业之列。设计师把公司的全称"INTERNATIONAL BUSINESS MACHINES"浓缩成"IBM"，选用蓝色为公司的标准色，以此象征高科技的精密和实力，创造出富有美感的造型，通过设计塑造了 IBM 公司的企业形象，使之成为美国公众信任的"蓝巨人"，在美国计算机行业长期居于霸主地位，并随后称霸世界。

实际上，IBM 算是塑造企业形象，并因之而获益的先驱，因为企业形象的重要性被普遍认可是在上个世纪的 60 年代。而近二三十年来，随着人们对企业形象的日益重视，营销观念发生了很大变化。即营销从简单地针对产品，而提升到营销企业的形象。正是这种新的观念导致了企业形象系统的广泛应用。在现代"白热化"的商战中，企业的辉煌，常伴随着企业形象的辉煌。

我们知道，许多名牌企业，名牌商品的无形资产是难以估价的，它远远超过了其本身的价值，它在社会生活和生产竞争中占有明显的优势。作为一名企业管理者，应该重视企业形象的塑造，因为良好的企业形象是一种财富，具有巨大的吸引力；良好的企业形象会增强员工的荣誉感，归属感，也会给企业带来强大的凝聚力；良好的企业形象，可以为它的产品消费者创造充足的消费信心，可以帮助它吸引社会资金，找到可靠的原材料供应渠道和满意的合作伙伴；良好的企业形象是一笔巨大的无形资产，它可以极大地促进企业的发展。

作为一名企业的管理者，应该清楚一个企业只有具备与众不同的、良好的形象才能给社会公众留下美好的印象，使人们看到企业的标识时就会联想到企业与众不同的行为与体验。企业每位员工个体的语言、行为以及整个组织的言行，都代表了公司，而不是个人行为。企业员工做了好的事情，自然会给企业增添正面的附加值，反之，则会为企业形象抹黑。

塑造良好企业形象的方法

俗话说"窥一斑而知全豹",无论是在商业合作中还是市场竞争中,对于企业形象的考察,不仅可以洞察该公司企业文化的概貌和整体水平,还可以评估该企业在市场竞争中的真正实力。通常而言,一个企业的形象是否良好,主要表现在该企业是否具有一个科学的企业理念、优美的环境形象、优秀的产品形象、出色领导形象和敬业的员工形象五个方面。

既然良好的企业形象主要表现在以上五个方面,那么管理者想要塑造一个良好的企业形象就应该从这五个方面入手。

企业理念是一个企业的灵魂。在当今世界,那些知名企业之所以为广大消费者所接受,就是因为他们具有深入人心的企业理念。海尔集团"日事日毕、日清日高"和"有缺陷的产品就是废品"、三洋制冷有限公司"创造无止境的改善"等,都是成功的企业理念。

企业理念的建设已经成为引领一场新时期企业管理观念变革的核心因素,在这种情况下,无论是那些全球闻名的五百强企业,还是名不见经传的小公司,都非常注重对于企业理念的建设。无数的事例证明,培育和弘扬企业精神,是塑造企业良好形象的一种有效形式。

企业的环境形象,不仅仅是指自然环境,还指企业的精神氛围。企业的环境反映了企业领导和企业职工的文化素质和精神面貌,同时也影响着企业的社会形象。建设优美的企业环境,营造积极向上的工作氛围是塑造良好企业形象不可或缺的重要组成部分。

企业的产品形象是企业形象的综合体现和缩影。在现代企业制度中,企业自己掌握自己的命运,自谋生存,自求发展。而生存发展得好坏则往往取决于企业的产品所带来的社会效益的好坏。产品的好坏不仅是经济问题,而且是关系到企业声誉、社会发展进步的政治问题,是企业文化最直接的反映。抓好产品形象这个重点，就能带动其他形象的同步提高。

作为一名企业的管理者和领导者，在企业中的地位无疑是非常重要的，在企业形象建设中也是居于主导和核心地位的。俗话说，有什么样的领导者，就有什么样的企业文化和企业形象。这并非是随便说的，而是经过无数的事例证明的。因此，企业领导干部要不断提高自身素质，既要成为真抓实干，精通业务与技术、善于经营、勇于创新的管理者，也要成为廉洁奉公、严于律己，具有献身精神的带头人。

无论是什么类型的企业，其最重要的资源都是员工。一个企业具有什么样的形象与企业员工的整体素质有着密切的联系。员工的整体形象是企业内在素质的具体表现，把培养有理想、有道德、有文化、有纪律的"四有"新人作为企业文化建设的重要内容；培养员工干一行、爱一行、钻一行、精一行的爱岗敬业精神；树立尊重知识、尊重人才的观念；创造一种有利于各类人才脱颖而出的环境和平等、团结、和谐、互助的人际关系，从而增强企业的凝聚力、向心力，并以员工良好的精神风貌，赢得企业良好的社会形象和声誉。

应对品牌危机，维护企业形象

美国某权威机构在对全球五百强企业核心竞争力进行研究后指出，可口可乐、通用这些品牌不衰的原因，不在技术优势而在其品牌危机管理和对企业形象的维护。一个企业的企业形象通常就是指企业的品牌形象。所以对于品牌危机的管理，就是针对企业形象的挽救和维护。

品牌危机管理的独特之处在于它不仅关注于企业的良好运作，更把焦点集中在维护企业与其个别品牌的生命上。在今天的商业环境中，品牌危机管理就像为企业和品牌购买额外保险。

通常而言，企业应对品牌危机时一般有以下几步。

当品牌危机出现后，企业应该立即成立品牌危机公关小组，调查情况并评估危机的影响，制订相应计划控制事态的发展。在这一阶段，需要做到对危机反应迅速，尽快介入危机，同时，确定危机的级别。

在危机的处理阶段，企业应该及时与新闻媒体、公众等各方面做好有效沟通，把品牌危机真相尽快公布，并针对不同的关注者采取不同的措施。例如，对于新闻媒体应该及时沟通，告知真相，可以促使媒体舆论向好的方向发展；对于社会公众来说，企业要通过媒体向公众说明事情发生的过程，让公众了解；注重相关专家提出的意见，并善于借助公正性和权威性的机构解决危机；对于政府，企业要更加注意做好与其的公关工作，因为，政府的态度很大程度上会影响舆论的导向。

最后一个阶段就是品牌形象的恢复，在做好事件的善后处理工作之后，更尽快恢复品牌的信誉和商业形象，重新取得客户或政府部门以及社会各界的信任。

下面让我们以实例来介绍几个处理企业品牌危机的常用方式。

第一种方式是企业高层管理人员出面。

1999年在比利时发生的可口可乐中毒事件的危机公关中，可口可乐公司派出了以行政总裁华莱士为首的公关团队来应付危机局面。在新闻发布活动中，高层人物的出面会加强媒体和公众对于企业负责态度的好感，同时易于及早在危机尚未恶化的情况下作出表态承诺，改变事态发展方向。

第二种方式是准确选择公关传播时机。

2000年，康泰克因为PPA的原因被禁后，中美史克专门开通了热线电话，为关心事件进展的人们答疑解惑，取得了良好的传播、沟通效果。当危机来龙去脉全部搞清楚之后，企业最好要组织一次大规模的新闻发布会，把危机真相和最终结果汇报给公众，为危机公关圆满地画个句号。其实，很多危机风波最终选择不了了之的结局，实在是不聪明的选择，这样不但不会有利于企业形象的恢复，反而会有损企业声誉。

应对品牌危机的一个重要内容体现在重塑良好的企业形象上，危机的出现会使企业的形象受到不同程度的损害。即便是危机得到了妥善处理，也不等于形象危机已经结束，企业还必须经过很漫长的时间才能彻底恢复和重建良好的公众形象。

第三种方式是坦诚地自曝危机真相。

可口可乐在比利时危机事件处理上，明确承认了产品质量事故是车间隔离材料的问题和现场管理不严格的结果。在坦白了过错之后，可口可乐依然畅销于欧洲。

第四种方式是重视信息传播的主要渠道。

麦当劳在中国发生消费危机后，都能尽快搜索一切与危机有关的信息并挑选一个可靠、有经验的发言人，通过举办新闻发布会或记者招待会，向公众介绍真相以及补救的措施。并促使新闻媒体进行及时准确的报道，以此去影响公众、引导舆论，使不正确的、消极的公众反应和社会舆论转化为正确的、积极的公众反应和社会舆论，最终使观望怀疑者消除疑虑，成为企业的忠实支持者。而当企业与当事者出现分歧、矛盾、误解甚至对立时，麦当劳也能够本着以诚相待、先利他人的原则，运用协商对话的方式，认真倾听和考虑对方的意见，化解积怨、消除隔阂。

理念四十一　　每个企业都不应回避社会责任

理念四十一
每个企业都不应回避社会责任

从水滴和大海的关系看企业的社会责任

有一句话说，一滴水只有放进大海中才不会干涸，同样如果大海失去了每一滴水，它也将不存在。如果把一个企业比喻成一滴水，那么社会就是大海，企业离不开社会，社会也同样不能缺少企业。

企业是这个社会一个个活的"细胞"，不良企业家可以让这个"细胞"病变；而那些时刻装着"社会责任"四字的企业家，可以让这个细胞具有很强的免疫能力，确保不变质，这样，这个"细胞"才能不断发育、壮大，同样使它存在的社会和国家也保持着健康的体魄。

社会是企业赖以生存的基础，企业是从社会中生长起来的，只有社会发展了企业才能得到更好的发展，只有社会平稳、安定、有序、和谐，企业才能获得更大的发展空间。同样，企业发展得更加快速，也会促使社会更加进步更加健康。总的说来，企业与社会就是一荣俱荣、一损俱损、相辅相成的关系。从另一方面来说，企业是创造社会财富的主体，企业从有效配置资源、创造经济价值、获取利润的市场活动中实现企业自身的利益，企业自身利益的实现增进了社会利益，但企业利益与社会利益的平衡不会自动实现，企业必须为社会利益的增进贡献经济资源。企业利益与企业相关者的利益、社会进步的利益、社会和谐的利益、社会美好生活的利益同等重要。企业应该努力促进和实现企业利益和社会利益的平衡，建设企业长久发展和获得长期利益的和谐的社会环境、文化环境。

对一个企业来说，表现其社会责任感的首要途径就是对自己生产和经营的产品负责。因为，只有自己的产品质量合格才不会造成对购买者利益的损害，以及对社会的危害，也只有这样才能有资格去谈社会责任感。社会责任，对于企业来说是一个沉重的词语，对于企业家来说，更是一份对公众应尽的义务。

社会责任是全社会都应尽的责任，只有每个人主动履行社会责任，这个社会才会发展成为一个繁荣、清洁的社会，才会拥有新鲜的空气、纯净的水源……大家才会有一个安全、宽松的生活环境。而且，不单是中国，更应该是全球的共识。

企业承担社会责任，也应量力而行

我们每个人都应对这个社会负有责任，正如清代大思想家顾炎武在《日知录》中说："保天下者，匹夫之贱，与有责焉耳矣。"那这句话转换一下就成了那句著名的"天下兴亡匹夫有责"。意思是说，国家兴盛或衰亡，每个普通的人都有责任。自然人尚且如此，作为法人的企业，由于具有一定的经济实力则应负有更大的责任。

企业的社会责任的意义，简单来说就是指企业既然生存在这个社会环境中，就要对这个环境的不断优化作出自己的贡献。管理学大师彼得·德鲁克说："凡是能促进社会进步与繁荣的也都能增强企业实力，带给企业繁荣与利润。"促进社会进步和繁荣是企业社会责任的最终体现。所以，为了人类生活得更美好，为了建设社会主义和谐社会，为了提高企业的核心竞争力，企业要勇于承担起社会责任。

有的企业把社会责任看做是一种负担，认为要承担社会责任，便要增加很多额外的成本。真正优秀的企业绝对不是仅仅"销量第一"或"利润第一"的企业，